人本关怀下的
体育课程改革研究

Research on The Reform of
Physical Education Curriculum under
The Humanistic Care

汤万松 ○ 著

湖南人民出版社·长沙

本作品中文简体版权由湖南人民出版社所有。
未经许可，不得翻印。

图书在版编目（CIP）数据

人本关怀下的体育课程改革研究 / 汤万松著. —长沙：湖南人民出版社，2023.2
　ISBN 978-7-5561-2852-5

Ⅰ. ①人… Ⅱ. ①汤… Ⅲ. ①体育教学—教学改革—研究 Ⅳ. ①G807.01

中国国家版本馆CIP数据核字（2021）第271236号

RENBEN GUANHUAI XIA DE TIYU KECHENG GAIGE YANJIU
人本关怀下的体育课程改革研究

著　　者	汤万松
责任编辑	曹伟明　石梦琦
责任校对	夏丽芬
封面设计	谢俊平

出版发行	湖南人民出版社 [http://www.hnppp.com]
地　　址	长沙市营盘东路3号
电　　话	0731-82683346
邮　　编	410005

印　　刷	长沙市井岗印刷厂
版　　次	2023年2月第1版
印　　次	2023年2月第1次印刷
开　　本	710 mm×1000 mm　1/16
印　　张	11.5
字　　数	175千字
书　　号	ISBN 978-7-5561-2852-5
定　　价	85.00元

营销电话：0731-82683348（如发现印装质量问题请与出版社调换）

序

2018年9月，习近平总书记在全国教育大会上强调：坚持中国特色社会主义教育发展道路，培养德智体美劳全面发展的社会主义建设者和接班人。立德树人是学校教育的根本任务。为党育人，为国育才，是教育工作者的神圣职责。

《人本关怀下的体育课程改革研究》始终贯穿着教育是国之大计、党之大计这一主题。作者以马克思关于人的全面发展学说为指导，在人本主义理论、体育学及体育课程论、教育学及课程与教学论、社会学等理论的观照下，从人本关怀的角度，对体育课程的建设与改革进行了深入浅出的探究与阐释，力图推进中国特色社会主义新时代学校体育课程的改革与发展，帮助学生在体育课程的学习与锻炼中享受乐趣、增强体质、健全人格、锤炼意志，以体育人，以文化人，培育一代社会主义新人。

本书主要有三个特点。

一、注重人本关怀。马克思的学说从本质上说就是人的学说。马克思主义的形成是从对人的科学理解开始的，人的解放和自由全面发展是全部马克思主义学说的主题，也是马克思主义追求的最高的价值目标，它是理解马克思主义的唯物史观、政治经济学、科学社会主义的基础和前提。作者分析了人本主义和社本主义两种教育观，主张体育课程应以"人的全面发展"为终极价值目标，提出实现人的全面发展与满足社会发展需要的辩证统一，阐述中国特色社会主义新时代以人本关怀的理念观照与改革体育课程势在必行，以此努力促成体育教育对象实现"健壮人—社会人—竞技人—自由人"的全面演化，造就新时代的一代新人。

二、体现改革范式。人本关怀下的体育课程改革，需要构建包括一个主旨、两个统一、三个维度、四个层次、五个标准在内的"12345范式"。一个主旨，即以"人的全面发展"为终极价值目标，教育教学过程就是促进学生身心健康和谐发展的过程，是促进学生自我发展、成为完整的人的培养过程。两个统一，指实现人的全面发展与满足社会发展需要、健壮体格与健美人格的辩证统一。在满足社会需要的基础上，力求自由的释放，个性的发展，最大限度地实现个人的价值，享受个人的快乐、成就与幸福。三个维度，指体育课程教学改革所依托的立体框架所包含的"长"（时间）、"厚"（内容）、"高"（品位）三者的有机结合。四个层次，指体育课程核心素养的系统培育，以马斯洛需要层次理论为依据，培育体质素养以满足青少年生理、安全需要，培育社会化素养以满足归属与爱的需要和尊重需要，培育专业化素养以满足自我实现需要，培育人文素养以满足求知与理解需要和美的需要，最终实现向"自由人"的全面演化。五个标准，指改革的行动纲领或践行系统，育人效果达到"知、情、意、行、健"，即知达，情谐，意坚，行正，健美。

三、展示十大创新。这是对改革的期许与展望。体育课程改革应当朝向综合化、创新化和人文化多种特色发展，并设想从体育课程教育思想、教学目标、教学结构、教学内容、教学组织形式、教学方法、评价体系、师资队伍建设、课程设施建设、学校体育法制建设等十个方面来创新体育课程，使其真正成为一门实现人的全面发展与满足社会发展需要辩证统一的强大体育课程。

作者从武汉体育学院本科毕业，在湖南师范大学先后取得硕士、博士学位，后多年从事体育课程教学与研究，并将自己多年的学习和教育进行系统的归纳、总结，形成本书。全书体现了马克思主义观点，反映了唯物辩证法思想，剖析了过往体育课程的某些弊端，提出了系统完整的改革思路，展望了改革的未来前景，言之成理，持之有据，能成一家之言，可资读者参考，实践借鉴。

今日书稿得以付梓，作为其博士导师，甚感欣慰，特此祝贺。并望其再接再厉，力争上游，不负时代，不负青春，建功立业，大展鸿猷。

2021年12月4日

前言

学校体育课程不仅可以教会学生体育的基本知识、基本技能，提高学生的身体素质，促进学生身心健康发展，养成终身锻炼的习惯，培养学生团结协作、拼搏、友爱、集体主义精神等良好品质，还可以通过它进行智育、德育和美育的训练，发展学生的个性。同时，体育教育依托社会的发展而发展，又对社会的发展起促进作用。因此，有必要把体育课程置于社会这个大系统中，结合人本和社本理论进行综合考察。本研究既是体育科学发展的需要，更是体育学科理论建设与体育课程改革发展的需要。它不仅能为体育学科的建设开辟新的理论天地，而且能为体育课程的发展开拓广阔的智力背景，同时，还能为人本主义指导下体育课程的改革提供理论指导与策略支持。

著作以马克思关于人的全面发展学说为指导，在人本主义理论、体育学及体育课程论、教育学及课程与教学论、社会学等理论的观照下，从人本关怀的角度，对体育课程的建设与改革进行了深入浅出的探究与阐释。首先在提出人本关怀下体育课程改革理论依据的基础上，对我国历次体育课程改革进行了审思，分析其动因，并对当前我国体育课程教学的现状与归因进行了探析；然后提出并详细阐述了人本关怀下体育课程改革的"12345范式"；最后对体育课程的改革前景进行了展望。

集中地说，本论著具有三大特点：一是指导思想的先进性。以马克思关于人的发展的学说为全书的理论基础，以人本主义观念统领全书，思想上理论上站位很高，高屋建瓴，充满马克思主义哲学思辨。二是改革体系的科学性。完整地建构了"12345范式"的体育课程改革体系，切合实际，适合应用，有利于推动我国体育课程改革。三是学术观点的前瞻性。本书所论，实质上就是"体教融合"，完全符合2020年7月全国倡导的"体教融合"最新学术思潮，说明作者的学术思想敏锐，走在学界的前沿，发学术的先声。

作者主要对以下三个方面进行了深入研究。一、我国历次体育课程改革的背后都有其根本动因和时代意义，和我国社会变革的发生、教育方针的更新、价值观念的变化是息息相关的。之所以改革，是因为我国体育课程的教学普遍存在着教学观念漠视生命本体、教学过程抹杀学生个性、以知识为本位的教学内容枯燥乏味、师生关系异化、课堂管理压抑学生自由、教学要素脱离现实生活等多方面的问题。其根源在于：一是教育理念，即社本主义理念下对于人本主义理念的缺失；二是教育价值取向，即价值取向中人文的迷失；三是教育目标，即以人为主体的课程目标偏移；四是教育客体，表现在人的整体性的消解。

二、在当前我国新的社会与教育形势下，以人本关怀的理念观照与改革体育课程势在必行，建设这样的理想课程，需要构建包括一个主旨、两个统一、三个维度、四个层次、五个标准在内的"12345范式"。一个主旨：体育课程应以"人的全面发展"为终极价值目标。体育课程的教育教学过程就是促进学生身心健康和谐发展的过程，就是促进学生自我发展，成为完整的人的发展过程。两个统一：实现人的全面发展与满足社会发展需要、健壮体格与健美人格的辩证统一。在满足社会需要的基础上，力求自由的释放，个性的发展，最大限度地实现个人的价值，享受个人的快乐、成就与幸福。三个维度：指体育课程教学改革所依托的立体框架所包含的"长"（时间）、"厚"（内容）、"高"（品位）三者的有机结合。体育课程时间的长度——各个学段体育课程的有效衔接，体育课程内容的厚度——课程内容的选择性和丰富性，体育课程品位的高度——熏陶内化使学生形成健全人格。四个层次：体育课程核心素养的系统培育。以马斯洛需要层次理论为依据，体育课程应培育体质素养以满足青少年生理、安全需要，培育社会化素养以满足青少年归属与爱的需要和尊重需要，培育专业化素养以满足自我实现需要，培育人文素养以满足青少年求知与理解需要和美的需要，从而实现"健壮人—社会人—竞技人—自由人"的全面演化。五大标准：体育课程育人效果的"知、情、意、行、健"。知达，指心智通达，包括知识与能力俱备；情谐，就是情感和谐；意坚，即意志坚定；行正，就是品行端正；健美，也就是身健体美。这就是人本关怀体育课程建设与改革的行动纲领或者叫作践行系统。

三、"12345范式"下的体育课程改革应该要朝向综合化、创新化和人文化几个方向发展。对此，作者从体育课程教育思想、体育课程教学目标、体育课程教学结构、体育课程教学内容、体育课程教学组织形式、体育课程教学方法、体育课程评价体系、体育课程师资队伍建设、体育课程设施建设、学校体育法制建设等10个方面来创新体育课程，使其真正成为一门实现人的全面发展与满足社会发展需要辩证统一的强大体育课程。

目 录

第一章　导　论

第一节　研究背景与研究意义
一、研究背景 ... 001
二、研究意义 ... 004

第二节　文献综述与研究述评 ... 004
一、体育的人本主义内涵研究 ... 005
二、体育课程中人本关怀缺失及其归因研究 ... 014
三、加强体育课程人本主义教育的研究 ... 017
四、总体评述 ... 020

第三节　论题解说与概念界定 ... 021
一、论题解说 ... 021
二、概念界定 ... 021

第四节　理论依据与研究思路 ... 024
一、理论依据 ... 024
二、研究思路 ... 025

第五节　研究方法与技术路线 ... 026
一、研究方法 ... 026
二、技术路线 ... 028

第六节	创新之处与难点所在	029
	一、创新之处	029
	二、难点所在	029

第二章　呼唤：人本关怀下体育课程改革的依据、缘起与探析　030

第一节	依据：人本关怀下体育课程研究的相关理论	030
	一、体育课程概念	030
	二、体育课程的特点	032
	三、人本关怀	033
	四、体育课程与人的本质	034
第二节	缘起：人本关怀下体育课程改革的审思与动因	037
	一、我国历次体育课程改革的审思	037
	二、我国历次体育课程改革的动因	042
第三节	探析：当前我国体育课程教学的现状与归因	049
	一、现状探寻：当前我国体育课程教学的现状及问题	049
	二、归因叩问：当前我国体育课程教学中存在问题的原因	065
第四节	小结	074

第三章　改革：人本关怀下体育课程改革的"12345 范式"　075

第一节	一个主旨：体育课程应以"人的全面发展"为终极价值目标	075
第二节	两个统一：实现人的全面发展与满足社会发展需要的辩证统一	079
	一、人本主义教育观	079
	二、社本主义教育观	081
	三、实现人的全面发展与满足社会发展需要的辩证统一——当代体育课程建设理念	083

第三节	三个维度：人本关怀下体育课程改革的立体框架	085
	一、体育课程时间的长度——各个学段体育课程的有效衔接	086
	二、体育课程内容的厚度——课程内容的丰富性和选择性	089
	三、体育课程品位的高度——熏陶内化使学生形成健全人格	091
第四节	四个层次：人本关怀下体育课程核心素养的培育	094
	一、生存需要：体育课程培育体质素养	097
	二、社交需要：体育课程培育社会化素养	107
	三、自我实现需要：体育课程培育专业化素养	115
	四、超越自我需要：体育课程培育人文素养	121
第五节	五大标准：体育课程的育人效果	137
	一、我国体育人才培养的趋势	137
	二、体育课程育人效果的"五大标准"	139
第六节	小结	142

第四章　展望：人本关怀下体育课程改革的前景　　144

第一节	前景预期："12345范式"下的体育课程改革发展方向	144
	一、体育课程的综合化	145
	二、体育课程的创新化	146
	三、体育课程的人文化	146
第二节	创新思路：全方位改革体育课程	147
	一、创新体育课程教育思想	148
	二、创新体育课程教学目标	148
	三、创新体育课程教学结构	149
	四、创新体育课程教学内容	150
	五、创新体育课程教学组织形式	150

  六、创新体育课程教学方法   151
  七、创新体育课程评价体系   151
  八、创新体育课程师资队伍建设   152
  九、创新体育课程设施建设   153
  十、创新学校体育法制建设   153
 第三节 小结   154

第五章 结　论   155

  一、结论一   155
  二、结论二   155
  三、结论三   156

参考文献   157

后　记   169

第一章　导　论

第一节　研究背景与研究意义

一、研究背景

教育的目的是什么？尽管众说纷纭，莫衷一是，但是，比较公认的观点，高度概括地表述是：教育的终极目标就是培养人。培养人的精髓实质上就在于使每一个自然人与社会人可以维持自身品质的均衡：勇武但不野蛮，文明但不柔弱。为此，体育便是较好的中介与理想的平台。青年毛泽东早在1917年就以"二十八画生"的笔名发表过论文《体育之研究》，文章精辟地论定："体育者，养生之道也。""体育者，人类自养其生之道，使身体平均发达，而有规则次序之可言者也。"并且指出："体者，载知识之车而寓道德之舍也。""欲文明其精神，先自野蛮其体魄；苟野蛮其体魄矣，则文明之精神随之。""勤体育则强筋骨，强筋骨则体质可变，弱可转强，身心可以并完。"[1]

体育课程是学校体育的重要组成部分，而学校体育是学校教育中最为活跃、最具魅力、极具代表性和影响力的部分。因为，学校体育是全民健身计划实施的基础，学校体育的开展直接影响全民健身水平。古希腊将"以体育培养

---

[1] 国家体委体育文史工作委员会，全国体总文史资料编审委员会.中国近代体育文选[M].北京：人民体育出版社出版，1992：32-35.

精英"作为教育理念，并认为坚韧不拔的品质和对强大痛苦的耐受力可以通过体育锻炼和训练来培养。

随着19世纪英国的崛起，盎格鲁-撒克逊人成为世界的统治者。然而这个民族也面临着一个斯巴达人曾经遇到过的严峻问题：如此一个小族群要如何维持对全世界众多国家的统治？在此情况下，英国教育的目标就成了培养"雄健的基督徒品质"。

剑桥大学查尔斯·金斯利教授在强调体育的重要性时认为，在精英教育中实行严苛的体育训练可以使英国上层阶级提升身体对于痛苦的耐受力以及坚忍的意志力，锻炼强健的体魄，塑造高贵的品格，使其在身心两方面趋于完美，完成上天赋予的使命。很多人都以为英国在19世纪的教育是培养"儒雅的绅士"，却忽略了他们更加注重培养"雄赳赳的基督徒"。

英国人有种观点："滑铁卢的胜利是在伊顿公学的操场上决定的。"在美国，人们固然已经抛弃了"戎而优则仕"的观念，取而代之的是"好男不从军"，但是"健而优则仕"的观念仍然大行其道，且无论精英教育还是大众教育都是如此。美国的精英教育对体育运动非常重视，也是上层阶级的普遍强项，构成了"预校文化"的重要组成。著名的罗德兹奖学金——培养了包括美国总统克林顿等一大批美国精英的"全球本科生诺贝尔奖"——就把体育运动放在评判标准的第二位。而美国的常春藤联盟这个被誉为美国精英教育大本营的高校联盟也源于体育赛事。美国前总统肯尼迪就曾是哈佛大学游泳队队员，他年轻时非常热衷体育，经常参加高尔夫、赛艇、足球等比赛。之所以二战时他能成为海军英雄，这些运动经历功不可没。

据《中国青年报》报道：一所大学举办某志愿者活动，开幕式不到20分钟，台上领导还在致辞给大家做志愿活动动员和勉励，台下就接连有学生晕倒，让人不禁担忧当今大学生的身体素质。这些志愿者还是在报名者中挑选出来的体质较好的学生，如此身体怎么做好志愿工作？另外《中国青年报》还有报道，在全国高校体育工作座谈会上，教育部体育卫生与艺术教育司王登峰司长提到，在2012年北京大学新生军训期间，不到两周的军训时间，3500多名军训生中看病的就达6000人次。有一个学校的负责人还开玩笑说:"今年我们学校开学典礼没有一个学生晕倒——他们都坐着。"政协第十一届全国委员会教科文卫体委员会副主任蒋效愚曾指出,我国青少年体质不断下降,近视率、肥胖率不断上升,已经是摆在政府和家庭面前一个非常严峻的问题。社会上"减肥夏令营"等活动也日趋火爆。

加拿大籍华人、加拿大皇族医学院院士、世界知名儿科专家谢华真教授发明了"健商"这个词。所谓"健商",就是指身心健康,也就是通过自身保健行为和活动让身体保持最佳的健康状态。在"健商"的定义下,健康状况良好应该包括人的身体、情感、意志、信仰各方面良好,同时还包括对环境的适应能力良好。这里的健康状况既包含了人的生存要素,也包含了生命质量。

作为学校体育重要组成部分的体育课程,不仅可以教会学生体育的基本知识、基本技能,提高学生的身体素质,促进学生身心健康发展,养成终身锻炼的习惯,培养学生团结协作、拼搏、友爱、集体主义精神等良好品质,还可以通过它进行智育、德育、美育和劳动技术教育的训练,发展学生的个性,推动学校体育和教育事业的不断发展。同时,体育与教育都不能脱离社会而"自由漂移",它依托社会的发展而发展,又对社会的发展起促进作用。因此,有必要把体育课程置身于社会这个大系统中,进行综合考察。

我们再也不能看着我们的学生一个个都变成怕苦怕累、毫无勇气、弱不禁风的懦夫而无动于衷,国家和民族都需要身体强健、意志坚定、斗志昂扬、充满活力和生命力的勇士!体育的蛮性教育能够使人的体质、意志力和竞争意识得到强化和锻炼,也能够培养人的团队协作和领导能力。我们不能够再"崇文抑武",我们未来的斗士再不训练,他们以后连枪都要扛不动了,未来的社会精英将变成手无缚鸡之力的"腐儒",在问题面前只能夸夸其谈,缺乏身体力行的资本,国家和民族乃至他们自身的未来堪忧!

因此,从人本关怀的视角考察体育课程的内涵,既可以让体育课程的范畴不拘泥于"身体强壮"这样单纯的目的,又能让我们把眼界放宽到青少年的认知、情感、人格等更高层次的领域,以达到满足社会现实需要、传承社会文明进步、推动社会健康发展的目的，同时还可以为学校体育课程改革提供理论指导和智力支持。

二、研究意义

体育课程作为教育的手段，既能从人的角度促进人的全面发展，全面提升其核心素养，又可以从教育的角度影响和提升人的社会地位，促进其社会化和社会适应能力，提升其社会价值，切合社会发展需求；另外，体育课程本身作为一种社会文化和行为的组成，对于社会的发展也能起到助推作用。换句话说，体育课程既可以培养和成就个体，也可以服务和成就社会。所以，本研究既是体育科学发展的需要，更是体育学科理论建设与体育课程改革发展的需要。它不仅能给予体育课程的实施与改革更为坚实的智力支持，还能为体育学科的建设与发展开辟新的理论天地，同时，还能为我国体育教育教学的改革与创新提供教育学方面的依据。

第二节　文献综述与研究述评

人本关怀下的体育课程改革研究，就是以马克思关于人的发展的学说为指导，站在人本关怀的人本主义立场，坚持实现人的全面发展与满足社会发展需要相统一的辩证唯物主义观点，观照体育课程的建设与改革，并促进学校体育事业的发展。本研究涉及马克思关于人的发展的学说、人本主义理论、社本主义理论、体育学、教育学以及课程与教学论乃至美育等诸多学术领域，是一种纵横交织、盘根错节的多学科、跨学科的学术研究。虽然目前尚未发现现成的文献可以照抄，但是，与此相关或相近的学术领域，倒是有一些可资借鉴的资料。本人通过CNKI-中国学术期刊网络出版总库、人大书报资料中心数据库、读秀学术搜索、超星电子图书、湖南省文献资源共享与服务平台、书生之家数字图书馆、万方数据库、维普数据库、中国国家图书馆、Wiley-Blackwell在线期刊（人文社科学科组）等各种渠道，搜读了海量的信息，汇集了数百种参考文献，以从中汲取学术研究的营养。以下按照学科的层级，从大至小，由远及近，择其要者，将其摘录，用这些方方面面的研究现状与研究成果为本研究提供一定的依据和有益的借鉴。

一、体育的人本主义内涵研究

（一）中国体育人本主义内涵的研究

人本主义就是把人置于发展核心，体现以人为主体存在的一种思想文化。人本主义观念和理论的不断完善，也就为体育人本主义的形成与发展奠定了基础，也使体育人本主义获得了初始的文化定位，那就是体育人本主义以人为发展核心，以人的健康权利的维护以及健康对于人的生命的意义为价值归宿，追求健康和高质量的生命和文化生活。当前国内很多学者对体育人本主义的内涵给出了不同的解释。

冯胜刚认为，在目前我国生产力水平和人民生活水平以及对应的观念影响下，体育人本主义的内涵应是：将以人为本、关爱人的身心健康和生命、维护人格尊严和高贵品性、关注个性选择和需求作为最终目标，促进人的身心健康和愉悦感受，推动人的全面发展[1]。另外，从人的关怀而言，体育人本主义应该包括对人的生存保障要素的关怀和身心持续发展的关怀，要用哲学理论探究生命的真谛与价值，真正实现人的全面关怀[2]。以此为依据，他提出体育人本主义包含五个价值：体育人本主义是人类体育出现和发展的基础，是体育脱离出传统巫术和宗教信仰行为以及社会生产活动的根本原因，是体育形成特定的文化并不断沉淀累积的源头，是衡量体育实施效果和体育发展程度的标杆，是

---

[1] 冯胜钢.体育人文精神的内涵、作用和地位[J].北京：北京体育大学学报，2005（7）：871-873.
[2] 童昭岗，孙麒麟，周宁.人文体育——体育演绎的文化[M].北京：中国海关出版社，2002：335-356.

人类体育的终极价值核心[①]。最后，他还认为体育人本主义要在以哲学理论探究生命的真谛与价值的引导下，全面实现对人的全面关爱，也以此奠定其理论基础。

施霏霏认为，体育人本主义崇尚的是"真善美"的价值追求，是将个人发展与社会发展在体育活动中进行和谐统一的积极思想，并以人的全面发展作为最终归宿。换句话说，其重视人的个体性和独特性，也就是在体育实践过程中，身体的各种器官和心理、精神、人格、情感等都要在体育活动中实现全面健康发展，将人作为完整的个体与外在世界产生各项互动，从而得到全面提升[②]。另外，体育人本主义也没有否定其社会性，同时也重视把人培养成合格的社会公民，即，从自我关怀到关怀别人，将感情从自我、家庭、学校推及整个国家、民族和世界，认识和认同世界所有存在的和谐统一[③]。所以，体育人本主义的内涵应该是：以关怀人的生存和生活要素，实现身心健康发展为目标，在体育活动提升和强化生活方式与态度上，使体育回归人的本性和本质。

近30年来，我国社会与经济的高速发展，使得中国体育文化与世界其他民族的体育文化发生了深入的碰撞和融合，中国体育趋向于多元化，2008年我国成功举办的北京奥运会就是很好的证明。所以，我们要在新的背景下对体育人本主义及其对中国体育教育产生的影响进行重新审思，明确这一体育价值观对于体育发展的引领作用。在《中国当代体育人文精神的内涵研究》中宋亨国认为：当今体育人本主义的关键就是体育本质中"类意识"的回归。也就是将人类包含在科学研究、宗教信仰、自然崇拜和民族精神中的体育精神独立成一个普遍存在，使其成为人类所有体育行为的"类本性"[④]。他还提到，体育人本主义包括五个特征：一、体育是人类社会活动的一个组

[①] 冯胜刚.体育人本精神的内涵、作用和地位[J].北京体育大学学报，2005（7）：871-873.
[②] 施霏霏.体育人文精神内涵的剖析[J].扬州教育学院学报，2007（2）：83-85.
[③] 胡小明.西方人文体育管窥[J].体育与科学，2001（1）：5-6，13.
[④] 宋亨国.中国当代体育人文精神的内涵研究[J].北京体育大学学报，2011，34（2）：17-21.

成，所以社会哲学是体育人本主义的基础；二、体育人本主义依赖于体育活动而存在，也是体育的精髓；三、体育要显现出强大的社会价值，就必须在其社会化过程中通过体育人本主义的具体落实而实现；四、体育行为的"类本性"应该是体育人本主义的真正内涵，也就是说体育人本主义要深入挖掘人的"类本性"，从个体出发到社会终止；五、体育人本主义的价值实现以体育文化的良性发展为评价标准[1]。

李树旺在《论我国当代体育人文精神的内涵及其构建路径》一文中提到，体育人本主义作为一种文化体系涵盖范围很广，定义这个概念是一个很难的工作。他认为，总体来说，体育人本主义的内涵可以概述为：体育人本主义作为一个不断更新的文化观念，随着时代的发展而同步发展，但其本质还应该是"体现人的本性"，就是"以人为本"；这就要求我们在体育活动中以人的发展为根本目标，以维护人的尊严和高贵品性为价值取向，指导人们不断完善自我，臻于"真善美"的境界[2]。作为一种先进的文化体系，体育人本主义包含了人类优秀的文化品性，其与社会总体发展总是保持着相互依存、相互协调、相互促进的联系。所以，在中国当今全面建成小康社会的新时代背景下，要从三个方面来把握体育人本主义的内涵：一、维护人的尊严和追逐健康、幸福的权利，这是体育人本主义的基本价值取向；二、追求人类体育的本质与规律，这是体育人本主义的基本依据；三、揭示未来人类体育存在与发展的意义和理想境界，这是体育人本主义对本身的基本要求。

（二）西方体育人本主义内涵的演变

古希腊是西方人本主义的发源地，经过中世纪黑暗年代的洗礼，人本主义思潮在文艺复兴运动中迅速兴起，并在启蒙运动中形成完整的思想体系，之后经历两个世纪的沉淀、积累和升华，于20世纪走向成熟。在《西方体育人文价值的演变》一文中石龙将西方体育人本主义思想从萌芽到成熟的演变过程按

---

[1] 宋亨国.中国当代体育人文精神的内涵研究[J].北京体育大学学报，2011（2）：17-21.
[2] 李树旺.论我国当代体育人文精神的内涵及其建构路径[J].体育文化导刊，2005（1）：51-52.

照历史时间顺序进行了归纳,他还提出在西方体育发展过程中一直存在两种观念,也就出现了两种体育发展方向的争论:其一就是"育人为本",体育应以人的全面发展为目标,主张身体和精神统一和谐发展;其二就是"训练为先",主张体育应该是身体训练行为和训练方法的统一——体育科学传统[1]。西方体育人本主义的演变从古希腊时期延续到现在,对西方体育文化的发展产生了重大影响。

1. 体育人本主义的萌芽——古希腊时期

作为欧洲文化的起源,古希腊文化也为西方人本主义的萌芽提供了肥沃的土壤。《荷马史诗》所描述的"永远争取夺冠、争取超过别人"的精英价值观就是其典型代表,也体现了西方的"竞争"价值观,从此人本主义在西方体育竞技活动中呼之欲出。

苏格拉底曾说过,要正确认识你自己。他认为灵魂而非神才是人的根本,人要把对外在世界的认识转化成对自身的认识。他结合自身的经历提出只有通过锻炼才能塑造强健的体魄和良好的体能,也才能促进身体健康,使人能胜任自己的工作和进行思考。他还认为,一个人身体和心灵的"善",其实就是指符合自然规律,维持和谐稳定,这必须在获得相应的知识下才能实现。他把勇敢放在人类优秀品德的首位,认为这是拥有智慧的前提。他说:"每个公民都有义务在国家危难之际挺身而出,保家卫国,所以,每个人都应该了解体育、参加体育活动、锻炼自己的体质和体能,使自己拥有一副健壮和充满力量的身体,一个人不能展现活力与健美是一种耻辱。"[2]

柏拉图则提出,人的本质是二元的,包括身体和灵魂,而灵魂的成长更重于身体的成长。他在《理想国》一书中说:"灵魂成长所需的事物比身体成长所需的事物要实际和重要得多。"[3]在论述女性教育时,他认为"妇女和女孩也应担负起保家卫国的职责。在男人们都要去战场的时候,女孩们可以练习跳

---

[1] 石龙,王桂荣.西方体育人文价值的演变[J].中国体育科技,2008(5):20-30.
[2] 体育史编写组.体育史[M].北京:人民教育出版社,1990:18.
[3] 柏拉图.理想国[M].郭斌和,张竹明,译.北京:商务印书馆,1986:375.

舞并进行表演来纾解他们的紧张情绪，妇女们可以训练后勤保障和对敌防御的能力，并承担起照顾老小和城池的工作"①。在论述儿童教育时，他认为灵魂主宰着身体，"良好的身体里不一定有着良好的灵魂和品性。但是，如果有着良好的灵魂和品性，身体就会在这种主观意识及其导致的行为下变得更好。质朴的艺术教育能使人的品性得到升华，而质朴的体育教育则能使人的体质得到优化"②。另外，他认为人的学习过程应该是主动而非被动的。所以，他说："朋友们，不要再压抑孩子的天性，不要在学习中强迫他们做这做那，让他们在游戏中学习吧，让游戏使他们自由愉快的成长。"③

亚里士多德认为，只有教育才能培养高贵的灵魂，只有强健的体魄才能培养良好的心理素质，一个人最珍贵的品质就在于拥有智慧和拥有恬淡自适的内心。所以，"对于儿童的关怀和教育首先是身体上的，然后是情感和灵魂上的，关爱情感提升其智慧，关爱身体塑造其灵魂"④。他主张"灵魂不能脱离身体而存在"⑤，身体的锻炼和灵魂的塑造要协调发展。他说："对人的教育可概括成四类——读写、音乐、美术和体育，人的勇气可以通过体育教育来培养。"⑥要塑造人的高尚灵魂，体育教育是非常重要的，当然其他教育也不可或缺。基于这个观点，他把人的教育确定为"德、智、体、美"四项内容。由此，体育成为一门单独的教育学科。他认为"虽然写作、阅读和美术能够培养人的很多能力和品质，但勇气的培养只能通过体育教育实现"⑦。他还说，强健的体魄是升华灵魂和人格的前提和基础，"既然对儿童的教育是先身体而后灵魂，先习惯而后理性，就应该让体育老师和训练教师来承担儿童教育的大

---

① 柏拉图.理想国[M].郭斌和，张竹明，译.北京：商务印书馆，1986：813-814.
② 同上，1986：111-113.
③ 同上，1986：304-305.
④ 亚里士多德.政治学：第7卷[M].颜一，秦典华，译.北京：中国人民大学出版社，1994：263-264.
⑤ 苗力田.亚里士多德全集：第三卷[M].北京：中国人民大学出版社，1992：32.
⑥ 苗力田.亚里士多德全集：第八卷[M].北京：中国人民大学出版社，1992：273.
⑦ 华东师范大学教育系，杭州大学教育系.西方古代教育论著选[M].北京：人民教育出版社，1985：108.

部分职责。"①由此看出，亚里士多德把身体训练看得非常重要，从而也就出现了体育能够使人身心、意志、品格等方面的素质得到全面培养，还能让人提升灵魂和思想境界，达到"真善美"的体育人本主义观。

由此看来，古希腊的学者们尽管对于体育的认识是片面、模糊而且不统一的，但不可否认的是，正是因为这个时期体育人本主义理念偶尔闪烁出的光芒，使他们所主张的身体训练与游戏活动的理念成为西方人本主义萌芽的珍贵土壤。而且，古希腊的人本主义哲学将体育教育纳入到了整体人本主义教育的内涵当中，这是非常值得肯定的事情。

2. 体育人本主义的开启——文艺复兴时期

在这一时期，体育教育已经和人的价值观的养成融为一体了。文艺复兴时期，身体运动已经正式成为学校教育的一部分，是培养人的一门主要课程。弗吉里奥对体育人本主义进行了首次全面论述，他认为："作为君主而言，最适合学习的两个学科就是文学和军事训练。"在《论绅士风度和自由学科》一文中，他提到了博雅教育一词，认为教育的目标就是培养全面发展的人，以应对世俗的生活、自身的责任和各种未知的挑战。他认为人最为重要的品质应该是竞争精神，因为竞争是人的天性，是人与生俱来的特质。每个人都希望得到别人的褒奖和欣赏，希望在竞争中脱颖而出，所以，在体育训练中强化吃苦耐劳、勇往直前和永不言败的精神非常关键。②他的教育思想由维多利诺开始实践。

维多利诺说："人类活动是人的魅力和荣耀所在。"他创办了孟杜亚宫廷学校，在这里从事人本主义教育。这里被称为"快乐之家"，他也被誉为"仁爱之父"。他在教育过程中把身体锻炼放在主要位置，与德育相提并论。他认为跑步、游泳、舞蹈等体育运动能够有效地实现学生的全面均衡发展，不会危害人的身体，而只有拥有强健的身体，才能获得高尚的精神品德。他从人性和理想教育的角度对体育进行深入剖析，认为：身体和精神构成一个完整的人，

---

① 苗力田. 亚里斯多德全集：第8卷[M]. 北京：中国人民大学出版社，1997：275.
② 吴式颖，任钟印. 外国教育思想通史：第四卷[M]. 长沙：湖南教育出版社，2002：81.

培养人就必须要同时注重身体和精神的双重培养。身体教育不仅能让学生锻炼出强健的身体，获得某些运动特长，更重要的是能培养出吃苦耐劳的品质和坚韧不拔的意志力。维多利诺已经基本上形成了较为完善的体育人本主义教育理论，之后被不断地发扬和发展。

3. 体育人本主义价值观的确立——启蒙运动时期

启蒙运动时期，很多对后世影响颇深的体育哲学思想集中涌现，同时也出现了第一批现代体育教育者，夸美纽斯就是其中的代表。他创办了著名的泛智学校，提出了泛智主义、泛爱主义等教学观。他非常重视强健体魄的训练，说："不可否认，一些学生天生身体就很强壮和健康，他们能够始终保持强健的身体和内心，仅仅凭借这些天赋而不需要旁人的帮助就可以获得一个个成功，但这种人太少了。"[①]所以，他在教育中突出体质和健康教育，并让家庭和学校保证学生的体育运动时间，按照作息规律合理调整学习和生活，科学地进行各种活动，以培养健康和充满活力的身体，为知识和智力开发奠定坚实的基础。

洛克则提出了"绅士教育"一词，将德、智、体整合为一个完整的教育体系。他认为："健全的精神源自健康的体质，一个人要追求幸福的生活，要胜任工作任务，要实现自身的理想和追求，先决条件就是要有一副健康的身体。"[②]体育运动中的骑马、射击、舞蹈等能使人的身体"舒展优雅"、形成绅士般的"贵族气质"，"户外运动能够让人锻炼出强健体格，有百利无一害"。教学方法中，我们不可能把所有知识都教给学生，只要能够引发他们的兴趣、激发他们的求知欲，让他们获得自我学习能力去改善自己就行了。之后，他创建了"精密体育理论"，成为西方体育人本主义思想的一个主要流派。

在《爱弥尔》一书中，卢梭以文学的方式，构建了体育教育的基本框架，也使体育教育的研究进入了更为深层次的领域。他认为体育是所有学科的基

[①]约翰·洛克.教育漫话[M].傅任敢，译.北京：人民教育出版社，1979：4.
[②]同上，1979：4-51.

础，"体质训练与思想养成的合二为一是教育的理想模式"①，他认为，人的思想培养和身体培养是分不开的，相互影响，不能脱离实现，人的思想蕴含在身体内，身体素质的提高才能让思想更加充满活力，同时，思想的提升才能让人们明白体质的重要性，才会在活动中有意识地提升自身体质水平。②所以，他主张体育教育要促进人的全面发展。

另外，启蒙运动时期的西方体育人本主义还将快乐的观念引入到体育教育活动中，认为体育教育应关注和提升人的快乐感受，提升其趣味性。"趣味体育"的观念由此而生，也为以后社会体育活动的开展与普及和体育人本主义的进一步发展提供了一定的基础和依据。

4. 体育人本主义的拓展——18、19世纪

18、19世纪西方新人本主义出现，主要观点是："以个体自由发展为最高原则，通过人的身体来发现、认识、诠释人的本质和完整性，并运用一切人类文明成果来教育和塑造人"③。

康德和黑格尔就是这个时期西方体育人本主义研究的代表人物。康德认为："体育教育能培养全面的人，是因为其中对人的体能、运动技巧、身体敏捷以及自信心等的培养都是一个人发展所必需的素质。"④在《论教育》一书中，他以儿童为对象，主要研究了对他们的身体训练与其社会适应能力的相关性，并结合儿童游戏如捉迷藏、放风筝、荡秋千等进行了逐个探析。他认为，人的价值体现方式之一就是体育。在《对德意志民族的演讲》中，费希特曾说：体育教育要身心并重，在遵循人的生命规律的前提下，既要重视体质的锻炼，也要重视心灵的熏陶。体育能够培养人的不惧困苦、勇往直前的精神，体育对于良好人格的塑造作用是非常大的。⑤

---

① 胡小明. 体育人类学[M]. 广州：广东人民出版社，1997：128.
② 卢梭. 爱弥尔[M]. 李平沤，译. 北京：人民教育出版社，1985：150.
③ 陈秋兰. 传统与变革之间——托马斯·阿诺德教育思想初探[D]. 华东师范大学硕士学位论文，2005：13.
④ 康德. 康德论教育[M]. 瞿菊农，译. 北京：商务印书馆，1926：237.
⑤ 费希特. 对德意志民族的演讲[M]. 梁志学，译. 沈阳：辽宁教育出版社，2003：135.

在《教育论——知识、智育、德育和体育》一书中，斯宾塞将体育与德育、智育融合在一起进行总体探讨。"虽然我们的生命科学并不完善，可并不妨碍我们认识到生命（主要是人）的基本发展规律。而对这些原理的进一步探究及其对儿童身体训练的内在关系的认识与实践，是我们今后必须不断深入探索的问题。"[1]他提出了科学锻炼的观点，认为体育锻炼必须结合生命发育与发展原理和规律，运用合理的方式，实现人全面健康的成长。这种思想比卢梭、洛克的自然体育观更为先进，已经将科学理论融入体育中。这标志着体育教育进入了科学化的时代，也形成了更加完善、更加大众化和社会化的近代体育人本主义观。

5. 20—21世纪体育人本主义的提升

20—21世纪的西方体育人本主义得到进一步的提升，并朝着系统化和多元化的方向发展，很多体育人本主义思想在新的时期被重组和整合，其内涵也更加丰富。

杜威认为，一个人在生命历程中，其生存与生活过程使其时刻和外界发生着物质和思想的交换，从而促使其不断地成长和完善。所以，他提出教育就是生长、教育就是生活、教育就是经验的持续积累这三个对教育的新认识。他认为："不管在什么时候，不管是什么人，在从事儿童教育时都非常依赖游戏和玩乐，因为儿童天性中就喜爱游戏，年纪越小的越明显。"[2]他非常推崇在儿童教育中运用各种体育游戏。

顾拜旦则注重研究体育运动中身体与精神的相互影响，特别是运动之于精神的作用。他把"认识自己、实现自己、超越自己"作为奥林匹克运动的口号。他还说："生活中的美在于运动，而快乐、崇高、自信、活力源于健康的体魄。"奥运会"就是每四年全世界共同庆祝美丽、活力、人类进步与尊严的春天，这是展现人类活力的盛会，是将身体、肌肉、精神、灵魂、人格、品质

---

[1] 斯宾塞.斯宾塞教育论著选[M].胡毅，王承绪，译.北京：人民教育出版社，1984：189.
[2] 杜威.学校与社会·明日之学校[M].赵祥麟，等译.北京：人民教育出版社，1994：277.

融为一体的伟大节日。"①

在1894年召开的巴黎国际体育代表大会上，他曾经这样说："人并非由身体和灵魂两者构成，而是由身体、精神和品质三者构成；而品质并非精神而是身体的产物。"②另外，在《致各国青少年运动员书》一文中他说："我们的世界充满着很多的善意，也有无限发展的可能，但不可否认还存在着很严重的道德危机，所以，奥林匹克是一个全人类最伟大的学校，在这里不仅能够使身体得到训练，运动技能得到提高，引导人们健康的生活，还可以锻炼高尚的人格和品质，强化集体荣誉感和集体主义精神，这些都是别的活动替代不了的。"所以，他后来提出了"一切体育为大众"这一对世界体育产生重大影响的体育人本主义思想。

二、体育课程中人本关怀缺失及其归因研究

（一）体育课程中人本关怀缺失的现状研究

体育课程中人本关怀的缺失对于体育教育本身的发展产生了极大的制约作用，同时也间接影响到了我国社会文化、生态和经济的可持续发展。王子丹认为，在当前社会拜金主义、个人主义、享乐主义和功利主义等消极风气影响下，我们很多学生的价值观发生了很大的改变，很多想法和行为令人感到困惑和失望，如果我们再不加以重视并采取有效的措施应对，将会对我国人才培养总体水平以及我国现代化进程产生严重的负面影响③。

陈德敏认为，体育课程中人本关怀的缺失包括：一是指导思想偏离，表现在体育课程实施过程中，理想与现实产生了差距。虽然表面上宣扬"德、智、体"全面发展，实际上只看重"智育"，"体育"和"德育"在各种主观

---

① 顾拜旦.奥林匹克理想——顾拜旦文选[M].詹汝琮，译.北京：奥林匹克出版社，1993：30-47，74-90，156.
② 熊斗寅.顾拜旦体育思想研究系列之三：顾拜旦与奥林匹克实现[J].南京：体育与科学，2003（5）：45-46.
③ 王子丹.论体育人文精神与科学精神的历史走向[J].成都：成都体育学院学报，2010（6）：17-18，50.

或客观因素影响下被有意无意地忽略了。具体到体育课上，其生理化和工具化倾向明显，"运动达标"就是唯一的目的，"人本关怀"根本无从谈起，体育课程变成了纯粹的"达标教育"和"体能教育"[①]；二是体育教师的人本关怀观念缺失。因为长期以来体育界忽视体育课程的人本关怀，造成体育老师对于人本关怀的观念极度缺失，对"人本主义"一知半解，甚至根本不懂什么是"人本主义"。从而影响到学生自身人文精神的塑造，对自己的人格、品德和情感培养漠不关心，素质教育成为一句空话。

程丽芬认为，体育教师仅看重对学生进行运动知识、项目技巧以及达标能力的教学，忽略了对学生的人本关怀。其后果一是学生不想上体育课，感受不到体育课给自己带来的愉悦、快乐的体验，领略不到体育"真善美"的境界，认为体育课就是"重技术、轻素养"，只看运动项目成绩而没有内涵，如此一来，技术和素养就被割裂了。二是片面理解体育中"健康"的概念，认为专指体质健康，而社会行为、生命伦理、人格品性、人文素养等行为与精神方面的健康也被割裂了。[②]

王路江从整体教育而不局限于体育的角度，以人本主义教育观分析了我国教育人本关怀失落的具体表现[③]。一是校园文化内部矛盾加剧。包括现代文化和传统文化的相互排斥，本土文化与外来文化的激烈冲突以及高雅文化与民俗文化的正面碰撞。另外，随着人类科技文化的高速发展，人越来越趋向于理性；二是教师与学生的思维方式、价值观念和行为标准被严重影响。主要表现为信仰的缺失、道德的失落、伦理的遗忘和情感的淡漠；三是教师与学生心理的恶性演变。主要表现为对于周遭事物漠不关心，心理素质差，心理承受能力弱，在问题面前优柔寡断，彷徨无助。

[①] 陈德敏，向勇. 中国学校体育教育呼唤体育人文精神的回归[J]. 武汉：武汉体育学院学报，2006（5）：99-101.
[②] 程丽芬，温元秀. 和谐社会背景下高校体育人文精神之研究[J]. 武汉：科教导刊，2011（8）：3-4，27.
[③] 王路江. 冲突与融合——多元文化背景下的高校校园文化建设[M]. 北京：北京语言大学出版社，2010：201-203.

（二）体育课程人本关怀缺失的归因探究

对于体育课程中人本关怀缺失的原因，不同的学者有不同的观点。王子丹认为，体育课程中人本关怀缺失的根本原因是西方工业文明高速发展带来了副作用。[①]不可否认，西方工业文明的飞速发展，使人们的物质生活日益丰富多彩，为人类社会的发展提供了巨大的物质文明推力。就像马克思说的那样："由于资本主义的飞速发展，世界经济规模不断扩大，人类的物质财富得到了迅速的积累。同时，机器的发明和在生产中的运用，使人类劳动在慢慢地物化和异化，唯物质论在人们心中越来越根深蒂固。"[②]也就是说，人类的劳动变成了简单地增加物质财富的过程，人就像一台机器，甚至是机器的一个零件一样，成为资本的一个内容，人们之间的联系完全转化成了物质联系。如此一来，"重物质，轻精神"的观念产生并不断蔓延，人本主义被人遗忘。

在《质疑、追问与反思：体育人本精神的现实失落》一文中，刘炜分析了体育人本精神失落的三大原因[③]：第一，体育的本质应该在体育人本精神的主导下从多方面进行展现。而在当前体育研究中，体育的目标、功能、价值取向、内容以及方法被异化，体育人本精神在其中无法发挥主导性的作用，体育人本精神和体育理论研究无法形成紧密联系。理论苍白无力是体育人本精神失落的理论原因。第二，体育人本精神失落的更重要的原因，还在于将已有理论束之高阁。观念与体制的缺乏，让体育人本精神无法从理论顺利转化为实践，体育人本精神变得只能远远观赏，而不能真正深入人心并落到实处，实践者也没有把体育人本精神放在心上，更不用谈亲自践行，现实的体育实践仍然我行我素。观念消极落后是体育人本精神失落的现实原因；第三，在功利主义、拜金主义等社会风气的影响下，人们把追求物质利益放在第一位，如此一来，人们的价值观念、思维方式、行为准则以及很多社会组织的实际宗旨、目标都在

---

① 王子丹.论体育人文精神与科学精神的历史走向[J].成都：成都体育学院学报，2010（6）：17-18，50.
② 吴国盛.技术与人文[J].北京：北京社会科学，2001（2）：90-94.
③ 刘炜.质疑、追问与反思：体育人文精神的现实失落[J].济南：山东体育学院学报，2008（9）：8-10.

很大程度上被物质化和功利化，失去了对精神和自我的追求。价值观念异化是体育人本精神失落的根本原因。

施霏霏将体育课程中人本关怀缺失的原因归结为四个方面：一是中国当前总体教育观念中人本精神的缺失。具体表现为：首先，新中国成立后以苏联为榜样，教育重心放在专门教育、自然科学、工程技术等领域，从而产生"重理轻文"的观念，一直影响到现在；其次，人文教育与思想道德教育很大程度上被政治教育所取代；再次，"应试教育"导致人们只看分数和智育教育，轻视体育和德育教育；最后，功利主义、竞技主义和实用主义的影响。二是我国体育教育长期被生物体育观所主导。体育教育者们只注重"金牌"，崇尚"锦标主义"，在体育课程中更多地看重项目成绩而轻视学生总体素质特别是心理和人文素质。三是工具体育教育观主导体育课程教学。教学中教师是主体，学生是客体，教师主动的教，学生被动的学，"教什么就学什么"，学生在课堂上严重丧失了主动性，也失去了上体育课的兴趣。四是学生对自身人文素质的忽视。在很多学生心目中，"文化学习和分数是最重要的，体育是无用的"，"学习体育就是为了达标"。他们意识不到人文素质对自己的重要性，更加不知道如何让自己实现"人的全面发展"[1]。

三、加强体育课程人本主义教育的研究

加强体育课程的人本主义教育，对于学生培养出健全的人格、团队协作精神和集体荣誉感、独立生活能力乃至于实践动手能力有着重要的意义，它能使学生在读书时乃至走向工作岗位后拥有良好的持续学习能力，培养健康的生活态度与方式，胜任各项工作任务。[2]

王路江认为，加强人本主义教育要从多层面同步进行。其一，要增强学

---

[1] 施霏霏.新世纪的学校体育与人文精神的回归[J].西安：西安体育学院学报，2007（5）：122-124.
[2] 冯胜刚.体育人本精神的内涵、作用和地位[J].北京：北京体育大学学报，2005（7）：871-873.

生的民族文化观念，提升民族文化在他们心中的地位，让他们自觉地以民族文化规范自身的品行；其二，重视校园的文化建设，构建积极向上的和以人为本的校园文化；其三，优化学校的育人环境，为"育人为本"的实施打造良好氛围；其四，提升学生的跨文化交流能力；其五，提升学生的新文化创造力。[①]

周平等人认为，人本关怀的体育课程教育要求体育课程要构建一套完善的人本主义体育课程教学模式，具体包括四个模式[②]：第一是社会责任模式。主要是让学生通过体育课程学习，充分认识和提升自己、关怀他人，设身处地地考虑他人感受，积极主动地参与各种体育活动并在这个过程中提升兴趣、获得享受，同时使自己的意志更加坚定，性格更加完善，个性更为突出，还可以增强社会适应能力，增强集体意识，以正确的社会价值观规范自身的品行，使自己肩负起所应该承担的社会责任。第二是开放式"达标"教育模式。要将"达标"教育与人本关怀高度融合，将人本主义教育观应用于日常体育教学当中，让学生在其熏陶下将其内化为自己的意识，形成自身的观念和品性。第三是以学生体育实践活动为辅的教学模式。要在学生体育实践活动的各个方面融入人本精神的教育，让学生自觉地在体育实践活动中内塑和完善自身的人格，明确自己人生的任务、责任与使命。第四是校园文化教育模式。通过人本关怀理念下校园文化的创建与实施，丰富学生的精神和情感生活，解除思想束缚，释放天性，拓宽成长空间，同时加速学生人格的社会化，提升其艺术文化涵养、审美水平和社会交往能力。

陈德敏等人在综合分析了我国体育课程教学的现状与问题后，提出了相应的对策。第一，要改革和创新体育课程的内涵，将人本关怀的理念融入体育课程的建设与实施中去；第二，要改革和创新体育课程的教学内容和教学

---

① 王路江.冲突与融合——多元文化背景下的高校校园文化建设[M].北京：北京语言大学出版社，2010：204-207.
② 周平，李泽群，李骅.高校体育人文精神构建的教育模式研究[J].武汉：武汉体育学院学报，2005（12）：21-22，30.

方法，在人本理念指导下融入新的教学元素，如生活体育、游戏体育、娱乐体育和健身体育等。第三，体育课程教学要更加的人性化，突出体育对人的亲和力，要将人文知识及现代的生理卫生知识等贯穿于体育课程教学，拓宽体育课程的教育维度，填充体育课程的内涵，进一步凸显"育人为本"的理念。最后，要引入西方体育教育的先进元素，将中国以中庸意识主导的内敛型体育教育理念和西方以竞技意识主导的张扬型体育教育理念进行完美融合，强化育人效果。①

李树旺则认为：在当今数字化时代背景下，人本关怀的体育课程改革应从四个方面进行：首先，要从时代特征和全面建设小康社会的发展目标观照下建立一个完整的人本关怀下体育课程体系；其次，要将现实体育生活和人本关怀的体育课程进行有机结合，将"理性的具体和感性的抽象统一化"②，细化和具体化人本关怀的体育课程，在实施上循序渐进，实现改革的"软着陆"；再次，分别在个体层面和社会层面确定人本关怀下体育课程改革的发展方向。在个体层面上，提倡"育人为本"和"身心和谐"，以人的全面发展为基本目标。在社会层面上，要深入开展体育教学改革，为人本关怀下体育课程改革提供理论依据，同时也可在价值取向上为社会体育的研究与开展在一定程度上指明一个方向，提供一些参考；最后，放弃原来工具理性下的体育课程，创建人本关怀下体育课程的价值理性。在承认体育课程与体育科学密不可分、相互促进的前提下，将两者进一步渗透、融合和统一，最终使人本关怀下体育课程和体育科学精神相互交融，你中有我，我中有你。

在《和谐社会背景下高校体育人本精神之研究》中，程丽芬认为，人本关怀的体育课程改革要从两方面进行：一是创建以"人的和谐"为主导的体育教学思想。要坚持体育课程教学中"以人为本"，以学生为主体，采用灵活的教

---

① 陈德敏，向勇.中国学校体育教育呼唤体育人文精神的回归[J].武汉：武汉体育学院学报，2005（6）：99-101.
② 李树旺.论我国当代体育人文精神的内涵及其构建路径[J].北京：体育文化导刊，2005（1）：51-52.

学内容和教学方法，实现人本精神与科学精神的和谐统一，基本素养与人文素养的和谐统一，保证学生的"德、智、体"全面和谐发展。二是要构建融入体育精神内涵的校园文化体系，为人本关怀下体育教育的实施创建良好的人文环境。这其中就包括要加强体育场地与设施的建设，开展丰富多彩的体育文化活动，并在日常教学中将体育课程内容与校园文化活动适当加以融合，多渠道多层面充实体育课程的人本内涵[1]。

四、总体评述

综上所述，对于人本关怀下体育课程的改革研究目前在国内外虽然已经有部分学者进行了探讨，但是，大多数学者的研究都停留在"是什么"和"做什么"，即体育教育的人本主义内涵、当前体育教学人本主义缺失的现状及成因以及通过哪些途径和手段凸显人本关怀和人本主义，且分析也相对比较片面，对于其理论与理念基础、"人的全面发展和人文素质培养"所包含的层次和系统性的改革思路与实施策略的研究也比较欠缺；同时，由于很少有学者从人的发展和社会发展的辩证关系着手进行探讨，导致当前研究更多注重人的需求而忽略社会的需求。从上述研究中我们可以得到某些启发：体育课程作为教育的手段，既能从人的角度促进人的全面发展，全面提升个人素质，又可以从教育的角度影响和提升人的社会地位，促进其社会化和提高社会适应能力，提升社会价值，切合社会发展需求；另外，体育课程本身作为一种社会文化和行为的组成部分，对于社会的发展也能起到助推作用。换句话说，体育课程是不是既可以培养和成就人本身，也可以反过来服务和成就社会呢？所以，本研究既是体育科学发展的需要，更是体育学科理论建设与体育课程改革发展的需要。它不仅能给体育课程的实施与改革提供更为坚实的智力支持，还能为体育学科的建设与发展开辟新的理论天地，同时，还能为我国体育教育教学的发展与创新提供教育学和社会学方面的依据。

[1] 程丽芬，温元秀.和谐社会背景下高校体育人文精神之研究[J].武汉：科教导刊，2011（8）：3-4，27.

第三节 论题解说与概念界定

一、论题解说

人本关怀下的体育课程改革研究，就是试图站在人本主义与人文关怀的立场，运用体育学、教育学与社会学的原理，去观照学校体育课程，探讨体育课程的改革与发展，探索体育课程如何促使人的社会化、促进人的全面发展方面的科学规律。

这里谈的体育课程，主要指基础教育阶段的体育课程。

这是一个涵盖内容较广的问题，所以，本研究侧重于通过审思我国历次体育课程改革的历程及动因，同时结合当前我国体育课程教学的现状、问题与原因，提出人本关怀下体育课程改革的"12345范式"，并展望以此为指南进行体育课程改革的前景。也就是说，本研究提出的改革核心就是"12345范式"。

二、概念界定

（一）教育与体育

本文所说的教育指的是学校教育，是教育者们针对社会现状和未来的发展趋势，根据当代青少年的身心发展规律，有目的、有计划、有步骤、有组织地对被教育者进行指导，使他们获取知识，提高技能，塑造人格，培养情操，实现身心全面综合发展，把他们培养成适应社会发展需要、推动社会和谐稳定发展的高素质人才。

体育，是要求年轻一代实现德智体诸方面全面发展的学校教育的一个方面，是依据青少年的身心发展规律，通过教育和引导青少年通过各项运动和活动以锻炼体魄，培育核心素养，从而促进身心健康以确保其茁壮成长、实现全面发展的一门学科。

（二）体育与学校体育

体育，是以身体运动为基本手段促进人们身心健康发展，提高人们的生活质量和生命质量的文化活动。它是家庭体育、学校体育与社会体育的统一体。

学校体育，则指体育教育，是在以学校教育为主的环境中，通过身体运动与锻炼所进行的一种教育活动。"体"字意味着整个机体的活动，而不只有智力教育才是教育的手段。体育教育既不只是为身体，也不只是为精神，而是要发展因教育活动而实现的人类的一切素养。

（三）课程与体育课程

简单地说，课程就是课业及其进程。据百度百科的解释，课程是指在校学生所有学习科目及其内容与组织实施过程的总和。广义的课程就是学校根据人才培养的需要而开设的教学科目、内容及实施过程，这里就包含了学校开设的所有教学科目以及其他有目标、有计划、有步骤、有组织的一切教育活动的总和。狭义的课程单指某一门教学科目。

体育课程就是以身体活动为外在形式，以人的全面发展为目标，以人的德、智、体、美与心理健康等方面的核心素养培育为主要任务，学校教学和课外学习内容有机统一的整体规划和教育教学过程。

（四）人本与社本

人本，即以人为本位的思想原理原则。主张人的自我实现和人的潜能的充分发展，在教育上主张把人作为教育的起点和归宿以突出人的主体地位，认为教育的目的和功能在于人的潜能的充分发展和自我实现。

社本，是以社会本位来思考和进行指导或起支配作用的思想原则，亦或是相关的理论体系。它把人看作是一种"社会学人"，把人看作是人与社会的结合物。主张人是依据自己的角色去行动的。因此，正是在实现与社会位置相关的所有期待的范围内，人才在社会学分析中被加以考虑。

（五）人文主义与人本关怀

人文主义，是指社会价值取向倾向于对人的个性的关怀，注重强调维护人性尊严，提倡宽容，反对暴力，主张自由平等和自我价值体现的一种哲学思潮与世界观。

人本关怀，就是要以人为本，关爱人，理解人，尊重人，就是要把不断满足人的全面需求、促进人的全面发展，作为发展的根本出发点。

（六）社会化与个体化

社会化，指个体在与社会的互动过程中，逐渐养成独特的个性和人格，从生物人转变成社会人，并通过社会文化的内化和角色知识的学习，逐渐适应社会生活的过程。在此过程中，社会文化得以积累和延续，社会结构得以维持和发展，人的个性得以健全和完善。社会化是一个贯穿人生始终的长期过程。

从广义社会化的观点看来，社会化不仅是一个"生物人"向"社会人"转变的过程，而且是一个内化社会价值标准、学习角色技能、适应社会生活的过程。由于成年人生活中同样存在这样一些问题，故社会化是一个贯穿人生始终的过程。[1]

个体化，概括地说，是指在当代经济活动、社会生产和劳动、就业方式及社会生活进一步开放和快速流变的条件下，个人作为社会关系中的一个基本单元，作为社会行动过程中的一个实体单位，他的独立性、独特性、主体性日益充分地得到显示和表达的过程。

以上这些概念，相互之间密切联系，并共同服务于本课题的研究。首先在教育的德、智、体、美、劳等诸项任务中，体育处于非常重要的地位；同时，体育又包含着家庭体育、学校体育和社会体育，学校体育则是体育教育的主体构成，而在学校体育当中，在体育教师计划、组织、引导和实施下的体育课程又是其主要内容。人的全面发展是体育课程追求的终极目标，人本主义和社本主义的思想则为体育课程实现人的全面发展提供了理论依据，也就是说，体育课程既可以培养和成就人本身，也可以通过培养人来服务和成就社会，因此，人的社会化和个体化都是我们应该注重的人的发展过程，在这个过程中，我们的体育课程就应当坚持人本关怀的价值取向。

---

[1] 郑杭生. 社会学概论新修（第四版）[M]. 北京：中国人民大学出版社，2013：115.

第四节 理论依据与研究思路

一、理论依据

（一）马克思关于人的发展学说

马克思主张人的全面发展。即：作为人的本质体现，全面地占有生命的需要、社会的关系与各种能力的发挥，是具有主动性、选择性和创造性的发展。人的全面发展是社会发展的最高目标。本文以马克思关于人的发展学说为根本理论基础，提出人本关怀的命题，以此统率全文，展开对体育课程改革的系统论述。

（二）人本主义理论

人本主义理论主张以人为本，研究人的本性、潜能、经验、价值、创造力及自我实现等。它将自我实现视为一种基本需要，认为每一个学习者的自我都应得到培养、发展和增强。本文在马克思关于人的发展学说的指导下，具体借鉴美国著名人本主义心理学派创始人，人称"人本心理学之父"马斯洛的需要层次论的基础理论来论述体育课程改革中的人的培养，并以此作为人本关怀下体育课程核心素养培育四个层次的心理学依据。

（三）体育学与体育课程理论

身心互动、身心合一和协调发展是体育本质的诉求，体育具有健身性、教育性、文化性、竞赛性、技能性、娱乐性和社会性等多种属性。它是提升人的健康意识和水平的实践活动。

体育课程是学校体育的主要组成部分。它是学校培育德、智、体、美、劳全面发展的学生以及素质教育的重要一环。体育课程的内容不仅包括向学生传授的体育知识和运动技能，还包括学生在体育课程中得到的感受、体验与收获。

本文以体育学关于课程改革的原理，联系体育课程改革的理论与实践，从人本关怀下体育课程改革的依据，当前我国体育课程教学的现状、归因及改革内涵，人本关怀下体育课程核心素养四个层次的培育，人本关怀下体育课程改革的前景展望等方面全面论述基础教育阶段学校体育课程的深入改革。

（四）教育学及课程与教学论

本文是教育学门类的博士学位论文，它的整个理论范畴、基本理论基础和一般研究方法都建立在教育学原理以及课程与教学论的原理、原则与方式方法之上。

（五）社会学理论

体育学与社会学存在密不可分的天然联系。本文的研究就涉及体育和人的社会性、人的发展与社会发展的辩证关系、人的社会化等问题，同时，马斯洛人本主义的需要层次论实际上也具有社会管理理论的因素。

二、研究思路

人本关怀下的体育课程改革研究，就是以马克思关于人的发展的学说为指导，站在以人为本的人本主义立场，坚持实现人的全面发展与满足社会发展需要相统一的辩证唯物主义观点，观照体育课程的建设与改革，促进学校体育事业的发展。本研究涉及马克思关于人的发展的学说、人本主义、体育学、教育学以及课程与教学论、社会学等诸多学术领域，是一种纵横交织、盘根错节的多学科、跨学科的学术研究。

本著作定位于一种跨学科的研究，试图站在人本主义与人文关怀的立场，运用体育学、教育学与社会学的原理，去观照学校体育课程，探讨体育课程的改革与发展，探索体育课程如何促进人的全面发展、促使人社会化的科学规律。

第五节 研究方法与技术路线

一、研究方法

方法论原则：辩证唯物主义的认识论与方法论；理论联系实际。

具体方法：

（一）文献资料法

检索和查阅了有关我国教育教学改革的有关政府指导文件、法规、会议纪要、专家著述；查阅了有关体育课程社会学研究和人文研究的著述；查阅了有关近年来我国体育事业和体育教育工作发展的成果和经验的介绍以及总结性文献；查阅了国外部分国家体育教育和体育课程改革的文件、法规以及国外学者对于体育课程中的人本关怀和社会学研究的相关研究成果；对相关文献资料做重点阅读和分析，结合当前体育教学改革的趋势和要求，寻求解决问题的最佳思路以及课题研究的理论和实践基础。

（二）历史研究法

体育是从古代的生产活动与军事训练中所独立出来的一门"强体于心"的古老学科，有着非常悠久的发展历史。体育课程则是体育与教育相互融合的产物，其存在与发展均有一定的历史必然性。所以，我们在研究体育课程改革时就不能仅仅停留在静态的现状分析上，还要通过回溯历史来动态把握体育课程的发展规律。恩格斯说过："历史从哪里开始，思想进程也应该从哪里开始，而思想进程的进一步发展不过是历史过程在抽象的、理论上前后一贯的形式上的反映。"[①]本文第二章主要采用了历史研究法。历史研究法是社会科学的一个基本方法，对我国历次体育课程改革的历程、背景、主导思想进行分析和反思，并结合时代的变迁论述每次改革的意义、效果及必要性，能够增强研究的客观性、科学性和准确性，为后面的研究提供一定的理论和实践依据与前提。

（三）对比分析法

对人本主义教育观和社本主义教育观的研究、体育课程文化传承机制与创新机制研究等方面分别进行对比分析，揭示其在体育课程教学中内在的辩证逻辑关系，为进一步得出研究结论和提出对策建议提供理论依据。

（四）理论阐释法

在体育课程概念界定、相关社会学理论阐释、人本主义与社本主义教育观阐释、核心素养培育相关理论阐释、文化传承与创新研究等方面，通过对已有的相关理论和研究成果进行列举和阐释，为课题研究奠定了理论基础，也提升了研究的科学性和专业性。

---

① 马克思，恩格斯.马克思恩格斯全集：第4卷[M].中共中央编译局，译.北京：人民出版社，1995：174.

二、技术路线

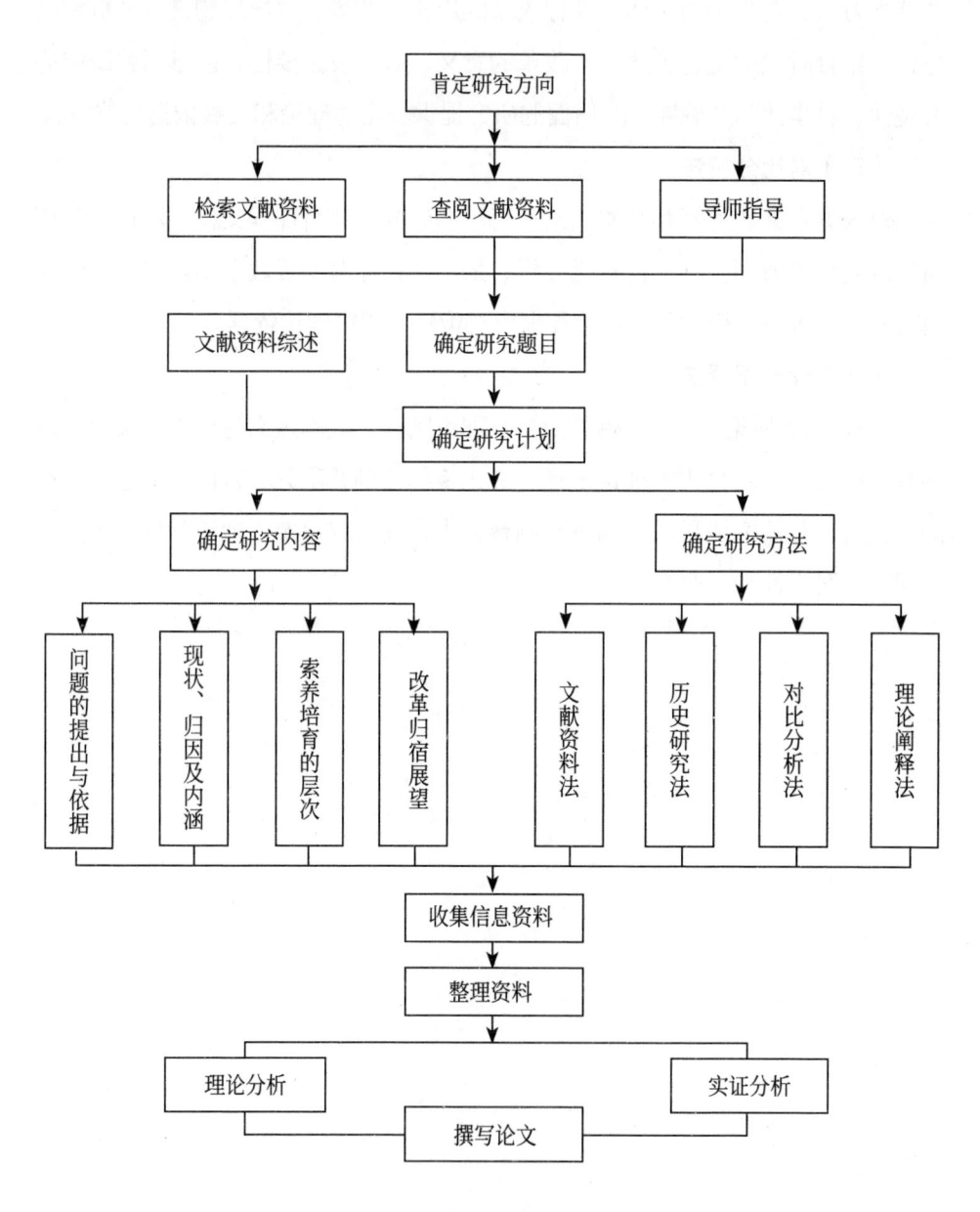

图一　本研究的技术路线

第六节 创新之处与难点所在

一、创新之处

本著作可能的创新之处，主要在于研究理论和研究视角的创新：以实现人的全面发展与满足社会发展需要辩证统一的理念为指导，运用马克思关于人的发展学说、人本主义理论、体育学、教育学以及课程与教学论、社会学等理论，论述体育课程如何培养人的知识、能力、情感、意志、品格和内化价值观等，既发展人自身又适应社会的需要，试图提出并建构、力图阐释并论证体育课程改革的"12345范式"，即：（一）体育课程应以"人的全面发展"为终极价值目标的"一个主旨"。（二）课程建设与改革应坚持实现人的全面发展与满足社会发展需要、健壮体格与健美人格辩证统一的"两个统一"。（三）人本关怀下体育课程建设与改革的立体框架应包括时间长度、内容厚度、品位高度的"三个维度"。（四）提出体育课程改革的根本任务是培养学生体育核心素养，并以马斯洛的"需要层次论"为基础理论依据，逐一论述学生体育核心素养培育的"四个层次"，体育课程应培育体质素养以满足青少年生理、安全需要，培育社会化素养以满足青少年社交需要，培育专业化素养以满足青少年自我实现需要，培育人文素养以满足青少年超越自我需要。（五）彰显体育课程育人效果的"五大标准"应为"知情意行健"，即：知达：指心智通达，包括知识与能力俱备；情谐，就是情感和谐；意坚，即意志坚定；行正，即品行端正；健美，即身健体美。

二、难点所在

本著作力图用人本主义理论来观照并研究体育课程的改革与发展，要求实现人本主义与社本主义相结合的理论同体育课程改革的理论与实践完美融合，这是一个既有理论高度又有研究难度的重大课题。

第二章　呼唤：人本关怀下体育课程改革的依据、缘起与探析

第一节　依据：人本关怀下体育课程研究的相关理论

一、体育课程概念

我国从1902年（壬寅年，即清光绪二十八年）拟订《钦定学堂章程》开始在学校教育中设置体操课程，从1904年1月（癸卯年，即清光绪二十九年）颁行《奏定学堂章程》正式开设体操课程，体育课程的开设已有110多年的历史。但是体育课程的概念却是在近一二十年才得以重视，并被学者们进行讨论和研究。当然，不同的学者对体育课程有不同的定义，综合各种较为权威的文献资料对体育课程的概念进行归纳，有以下几种观点：

（一）体育课程是学校课程体系的一个分支

"体育课程是一门以身体练习为主要手段、以增进学生健康为主要目的的必修课程，是学校课程体系的组成部分，是实现素质教育和培养德智体美全面发展人才不可缺少的重要途径。它是对原有的体育课程进行深化改革，突出健康目标的一门课程。"[1]

这个定义是把体育课程作为学校学科与课程体系的一个分支，将其与语文、数学、英语等课程并列看待，以学科为课程设计依据，以学科知识为核

---

[1] 中华人民共和国教育部. 义务教育体育与健康课程标准[M]. 北京：北京师范大学出版社，2012.1.

心，重视知识的结构与逻辑。该观点强调体育课程是学校课程体系的重要组成，把体育课程局限在学校的学科教育范围。

（二）体育课程是学校教育的一个方面

认为体育课程是学校教育的一个方面的观点很多，有的认为"体育课程是为了提高学生体质，促进身心健康而开展的一门独特的学校教育课程，与智育课程、德育课程、美育课程以及劳动课程相互呼应，使学生得到全面、健康发展，是学校教育中一方面的课程"[1]。"体育课程不是一门单独的学科课程，而是学校总体教育中一个有目标、有组织、有计划的组成部分，是素质教育一方面的课程"[2]。"体育课程是指学校为了实现总体教育目标而设置的体育教学任务、教学内容、教学计划、教学进程与教学组织管理的总和，它不是一门单独的学科课程，而是学校全面发展教育的一个方面"[3]。

（三）体育课程是活动

体育课程是指在学校指导下，为了使学生能在身体、运动认知、运动技能、情感与社会方面和谐发展，有计划、有组织的活动。[4]

（四）体育课程是一种教育过程

体育课程是将"人的身体教育与智力教育相互融合的一种教育方式，是将课内体育教学与课外体育活动有机结合的一个教育过程"[5]。这种观点把体育课程定义为一个教育课程，将体育课程中身体与智力、课内与课外的教育进行了整合。所以，体育课程从空间上说，既包括了学校体育课程也涵盖了社会体育课程；而从课程表现上说，既有显性体育课程也包含了隐性体育课程。

（五）体育课程是特殊课程

体育课程"是指为实现学校的教育目标，配合德、智、体、美、劳全面教

---

[1] 吴志超，刘绍曾，曲宗湖.现代教学论与体育教学[M].北京：人民体育出版社，2003：312.
[2] 于小霞.学校体育教育手册（上）[M].天津：天津人民出版社，1998：628.
[3] 杨文轩，陈琦.体育原理导论[M].北京：北京体育大学出版社，1996：173.
[4] 毛振明，赵立，潘绍伟.学校体育学[M].北京：高等教育出版社，2011：36.
[5] 庞元宁，何建文.体育课程新论[M].北京：人民体育出版社，2004：22.

育，并以发展学生体能，增进学生身心健康为主的特殊课程"。[①]体育课程是全面发展素质教育中必不可少的一门学科，体育课程是具有综合性的文化科学基础课程。[②]

由此可见，关于体育课程的定义在学术界众说纷纭，莫衷一是。本研究的观点是：体育课程就是以身体活动为外在形式，以人的全面发展为目标，以人的德、智、体、美、劳与心理健康等方面的核心素养培育为主要任务，学校教学和课外学习内容有机统一的整体规划和教育教学过程。这个定义突出了身体活动在体育课程中的基础性地位，并将人的多层次全面发展作为主要目标，强调体质、心理、智力、品德等方面的核心素养在体育课程中的培育，站在新的高度认识体育课程，并认为体育课程是一个系统性的整体教育过程。[③]

二、体育课程的特点

作为社会文化的组成部分，体育课程承担着文化传承与创新的任务，也是实现人全面发展的重要方式。具体来说：

第一，体育课程是实现学生全面发展的重要方式。

所谓学生的全面发展，就是要让学生在教育教学过程中体质、智力、人格、道德、美育、运动技能以及社会适应能力等核心素养得到和谐全面的提升。体育课程作为学校教育的一个组成方面，也应该承担起这个任务。有些专家把人的认知细化为概念认知——以理性和知性为主的认知、感觉认知——以感性和情感为主的认知、运动认知——以运动和身体为主的认知，而把体育课程归结于运动认知过程。这种观点有失偏颇，体育课程并不仅仅是运动认知过程。体育课程以促进人的全面发展为宗旨，为实现学生的德智体美全方位培养提供良好的平台和空间，使学生的各方面素养得到同步提升，最终成长为一个

---

① 邹继豪等.面向21世纪中国学校体育[M].大连：大连理工大学出版社，2000：262.
② 耿培新.关于体育课程的性质和体育活动课程的研究[M].北京：人民教育出版社，2009：287.
③ 庞元宁，何建文.体育课程新论[M].北京：人民体育出版社，2004：22.

完整的人。

第二，体育课程是推进学生社会化的重要渠道。

所谓社会化就是指一个自然人通过自身的思想和行为不断了解社会、适应社会，在社会中找到自己的位置，与社会融合并共同稳定协调发展的过程。体育也是社会的一个组成部分，体育课程是学生在进入社会前学习社会生活能力和技巧的重要渠道；在体育课程中，学生接受规范的体育教育，同时也获得了很多模拟社会活动的实践机会；体育课程能够让学生了解和吸收当前社会普遍认同的社会价值观；体育课程还可以赋予学生模拟社会角色的机会，让他们提前获得社会生活的感受和体验。

第三，体育课程是社会文化传承与创新的重要载体。

学科与课程来源于社会文化，也是社会文化的一个重要组成部分。因此，社会文化的传承与创新也是体育课程的社会使命之一，体育课程承载着文化传承与创新的任务。虽然关注到体育课程中文化传承与创新使命的学者并不多，但也不可否认体育课程确实蕴含着文化的基因，比如体育课程场地的艺术性、体育课程内容的人文性以及体育课程表现的审美性和可观赏性等等。所以，文化与体育课程是密不可分的，体育课程由社会文化所决定，也反过来影响着社会文化的发展，社会文化的变革也是体育课程改革的推力之一。

三、人本关怀

对于人本关怀的含义我们可以从两个方面来解读。

第一就是"人"。在传统哲学当中，"人"往往是对应于"神"和"物"的存在。也就是说，"以人为本"往往对应于"以神为本"和"以物为本"。一般而言，西方历史上以人为本的思想，主要对应于以神为本的思想，将人放在核心地位，弱化神的主导性，以人权替代神权，以人性替代神性。而中国早期以人为本的思想，则主要是对应于物本主义，主张"天地万物，唯人为贵"。而在当今世界，不论西方还是中国，"以人文本"作为一种发展观念，都是相对于"以物为本"的思想而提出的。

第二就是"本"。在哲学上,"本"有两个意思,一是指世间万物的"本源",二是指事物存在于发展的"根本"。而人本关怀中的"本",不是指本源,而是"根本"的意思,对应于反义词"末"。以人为本,不是哲学本体论概念,而是哲学价值论概念。也就是说,以人为本并非是在研究这个世界的起源,神、物和人,到底先有什么后有什么,谁是谁产生的前提和基础等问题,而是要说明在这个世界上什么最关键、什么最重要、什么是根本、什么居于核心。以人为本,指的就是在神、物和人三者当中,人最为根本和重要,我们在发展观念上不能舍本求末,不能本末倒置。人们常常听到的一些教育口号诸如"学校教育,学生为本",还有"百年大计,教育为本;教育大计,教学为本",其中的"本"都是指"根本"的意思。

四、体育课程与人的本质

对于体育课程而言,其研究目标是人,面向的对象主体也是人。也就是说,体育课程的目的就是以人的发展为核心和主线,从"以人为本"的思想拓展而出。

体育课程的教育和教学以人为唯一对象。那么到底人是什么,人的本质在哪里?很多哲学家穷其一生都在思考和追寻这个问题的答案,却始终没有准确的定论。就像传说中圣·奥古斯丁在谈论时间本质时发出的感慨:"在没人问我的时候,我很清楚什么是时间,一旦有人问我,我也答不上来。"但是,当我们面对教育,尤其是课程教育和体育课程时,我们又不得不探究清楚这个问题。

到底什么才是人的本质?历史上很多学者都进行过探索。亚里士多德认为"人是一种理性的动物",强调"理性"是人的本质。马克思、恩格斯则从社会哲学的角度探索人的本质,认为"人的本质并不是单个人所有的抽象物。在其现实性上,它是一切社会关系的总和"[①]。黑格尔则认为,劳动成就了人

---

① 马克思,恩格斯.马克思恩格斯选集:第1卷[M].中共中央编译局,译.北京:人民出版社,1972:18.

类，促进了人类发展，主张劳动才是人的本质。我们看到，不同的哲学家对人的本质有着截然不同的观点，到底谁对谁错呢？我们绝不能主观地肯定一种观点而否定其他，因为之所以出现不同，主要原因在于他们是从不同的角度和位置出发所得出的研究结论，对于人的本质的看法都有其合理性，我们完全可以将这些观点进行综合，多方位地认识人的本质。

诚然，过往学者们研究人的本质，比较公认的观点是人具有生物性与社会性双重属性，即两种本质特征。这种观点当然是正确的，也是公允的。但是，时代在发展，社会在进步，人对于自己的研究与认识也需要与时俱进，开拓创新。人在其生命过程中，不但会产生对自身生存和生活的丰富需要，对社会也会产生多方面的需要，即使从人的自然和社会属性两方面来诠释人的本质也都需要不断拓展，不断深化，这也就更加说明人的本质是丰富的、复杂的和多层次的。生物性与社会性只是高度概括了人的基本的本质属性，作为一个完整的人，吸纳当下学界的研究成果，人的本质似应包含多个要素。由此，我们可以结合体育课程对人的本质进行一个相对系统性的描述。

（一）人具有生物性本质

所谓人具有生物性本质是指人作为一种生物，有着和其他生物一样的求生存、求安全的本能，也具有各种基本欲望。生物性是人的本质之一，但不是其全部。需要强调的是，人的生物性是人产生精神、意识和心理的前提和基础，对人的发展有着根本性的作用。我们对照一下体育课程的研究，体育课程的本质问题经常引起学术界的争论，我们认为，体育课程的基本形式是身体活动，而其根本也就是身体活动，然而，身体活动并不是体育课程的全部。在当前体育教学思想中技能体育、竞技体育、快乐体育等的争论就比较明晰了，也就是事物的本质有唯一性，但表现形式却可以多元化，我们不能把事物的多元表现形式当作事物的本质来理解，也不能用事物的本质来限制事物的多元化表现。体育课程不能脱离身体活动，也不能仅限于身体活动。

（二）人具有社会性本质

所谓社会性本质是指人具有群体生活的特征。每个人都有融入社会，为社会接纳，成为社会不可或缺的一分子，进而改造社会，通过社会实现其我价值的愿望。而每个人在社会中生活就要受到社会性质、社会制度、社会关系和社会发展方向的影响和制约，当然也会对社会产生一定的影响。人既是社会的组成元素，又是社会的构建者，既是教育者，又是受教育者。学生在体育课程中具有群体生活和学习的特征，受到社会对于体育课程的影响，也可以通过学习和培养加速自身社会化，获得相应的技能与经验，为今后走向社会、影响社会、改造社会打下基础。

（三）人具有思维和语言能力的本质

人和动物的最大不同就是人具有思维和语言能力，语言是区分人和动物的主要标志。斯普朗格认为思维和语言的合理运用是人通过教育发展自身的关键所在。和亚里士多德一样，卡西尔认为，无论是把人定义为理性动物或者是恰当使用符号的动物，都是对人的本质的片面理解。理性和符号诚然是区分人和动物的标志之一，但更重要的是人能够有目的、有意识地保持理性和使用符号。

（四）人具有自我发展的本质

教育人类学专家认为"人是未特定化的，因而通过驾驭人来发展各种潜能，应付复杂的环境，进行有意义的创造"[1]。这里的未特定化是指人不像其他动物一样天生具有特定的环境生存优势，如厚厚的皮毛、锋利的爪牙、自我保护的颜色以及适合跳跃、攀爬、追逐的身体构造。然而，这也使人拥有很强的可教育性，而可教育性使人的自我发展有了充分的可能。其他任何动物由于都有着自身种群的特定化优势，都不可能也不需要像人一样用教育来使自己的未特定化局限获得弥补。

体育课程就是人类用教育使自身未特定化局限获得弥补的渠道之一。不过我们也不能把体育课程当成缩小人和动物差距的手段。比如，体育课程中的长短跑训练并不是让学生拥有像动物般捕猎食物和逃避天敌的能力，是要使学生

---

[1] 冯增俊. 教育人类学[M]. 南京：江苏教育出版社，2001：115.

在运动中提升体质和运动能力，培养力争上游的优秀品质，并感受到运动的乐趣和身心满足感。

以动态的教学观来看，学生是正在发展的人。学生在身心各个方面时刻都处在不断成长和完善当中，具有很强的可塑性和多元发展的可能性。我们必须要明白，第一，青少年学生的成长和发展是一个长期的过程；第二，青少年学生的潜力和内在优势可以通过自然成长和人为引导的方式逐渐表现出来。所以，我们要区分清体育课程中学生表现出来的进步，是其自然成长的结果还是教育和训练的结果，客观评价教学效果，指导之后的教学实践。另外，正是因为学生的成长和发展是一个长期的过程，我们体育教师不应以一时的表现武断定义某一个学生，要根据成长规律逐渐挖掘学生的潜力和特长，使其找到自己个性化的发展方向。

第二节　缘起：人本关怀下体育课程改革的审思与动因

一、我国历次体育课程改革的审思

以史为鉴，可以知兴替；鉴古察来，方能谋发展。回顾过去，审思历史，才能查漏补缺，扬长避短，与时俱进，开拓创新。纵观我国体育教育发展历史，从新中国成立至今，我国共经历了8次体育课程改革。

（一）旧体育的改造（1949—1953）

新中国成立后，鉴于欧美和日本教育思想以及陈旧的封建教育思想对旧中国教育产生的长期影响，加速清除体育教育旧思想的残余和加强新中国体育课程的建设是摆在党和国家面前一项非常紧迫且艰巨的任务。党和政府对封建体育教育思想和资本主义体育教育思想开展了一系列的批判，并发起了体育课程的第一次全面改革。1950年，《小学体育课程暂行标准（草案）》颁布，标志着第一轮体育课程改革正式开始。1952年，教育部和国家体委联合颁布《学校体育工作暂行规定》。这次体育课程改革明确了教育体系中体育课程的重要地位，提出了"健康第一"的指导方针，并确立了相应的领导管理体制与组织实施机制。

（二）劳卫制的推广（1954—1956）

鉴于当时青少年营养状况不良、体质相当羸弱、健康水平低下，毛泽东在两次写给教育部长马叙伦的信中都提到要实施劳卫制。1954年颁布的《关于在中等以上学校中开展群众性体育运动的联合指示》和《关于开展学校保健工作的联合指示》正式提出以促进学生身心健康、增强身体素质为体育课程的培养目标。1956年《中学体育教学大纲（草案）》和《小学体育教学大纲（草案）》颁布，以促进青少年全面发展，培养社会主义接班人为体育课程教学目标，这标志着第二轮体育课程改革开始。新大纲和劳卫制的结合，使我国体育课程教学有了明确的指导依据和行动纲领。这次体育课程改革为体育课程确立了统一的培养目标，使体育教学走向了制度化的轨道。不过，劳卫制本身还是具有一定的工具性和阶级性[1]，同时也因为提出标准过高，脱离了当时人民身体状况与健康水平，造成实施中意外伤害事故的频繁出现。

（三）体育教学的初步规范（1957—1962）

社会主义三大改造的全面完成，使我国体育课程的建设与改革走向了新的轨道。《关于1957年学校体育工作的几点意见》的出台，为我国学校体育课程教学提供了新的指导和依据，使体育课程教学进一步规范。1961年，《中学体育教材》与《小学体育教材》陆续颁布，相应的体育教材也陆续出版发行。同时，中央提出了"调整、巩固、充实、提高"八字方针，1962年召开了"七千人大会"，这些举措大大改善了体育课程建设与改革的政治形势，学校体育重新步入发展轨道，各级各类学校相继制定体育工作的制度与条例，学校体育得以复苏。

---

[1]卢元镇.世纪之交体育运动发展的回顾与展望[J].北京：体育科学，2000（3）：1-6，9.

（四）学校体育的拨乱反正（1963—1978）

"文革"时期，体育课普遍被军体课所替代，学校体育再次遭到严重打击。北京体育大会的召开肯定了新中国成立以来我国学校体育所取得的成就和积累的经验。党的十一届三中全会的胜利召开，为我国体育教育的发展指明了前途和方向，发展社会主义体育事业成为我国体育工作的重点。1978年，体育第一次作为教育的一个组成部分写进了我国的《宪法》。随着《关于在学校中进一步广泛施行〈国家体育锻炼标准〉意见的通知》的颁布，各级各类学校陆续制定了《体育教学大纲》，中央与地方各级体育管理部门陆续成立，学校体育领导组织与管理体制进一步完善，学校体育得到了迅速稳步的发展。

（五）"三基"目标的提出（1979—1985）

1979年扬州会议的召开，是我国第五次体育课程改革开始的标志。这次会议对过分强调体育运动项目成绩的体育课程思想进行了批判和纠正，将体育课程培养德、智、体全面发展人才确立为新的体育教育目标。打破了"以竞赛为中心"的体育教学思想，将对学生的要求确定为"体育基础知识、基本技术和基本技能"的掌握。会议要求全国所有学校使用统一的体育教学大纲和体育教材，加大学生的教材使用比重。第五次体育课程改革使体育课程得到了进一步的发展，然而，在体育课程中仍然崇尚"体质论"，"人的全面发展"思想在体育教学中并未得到充分的诠释。

（六）教学理念的丰富（1986—1991）

1987年《全日制小学体育教学大纲》与《全日制中学体育教学大纲》的出台，标志着我国第六次体育课程改革拉开序幕。这次改革第一次提出了"终身体育"的概念，要求各级学校应注重学生的兴趣和个性发展。要以"面向现代化、面向世界、面向未来"为学校体育的指导思想，以"全面发展人才"为学校体育的培养方向[①]。1990年，随着《学校体育工作条例》的颁布与实施，我国体育课程思想进一步成熟，体育课程理念进一步丰富，为体育课程的发展

---

① 王占春. 新中国中小学体育教材史论纲（二）（1977年~1996年）[J]. 北京：中国学校体育，2009（6）：6-10.

与完善增加了更为充足的动力。然而，体育课程运动项目仍然过多，教材的"竞技化"倾向仍然严重，这些情况在本质上并没有太大的改变。

（七）三级课程体系的建立（1992—1999）

1995年我国正式颁布《中华人民共和国体育法》，这标志着我国的体育事业组织、管理与实施进入了法制化的时代，也标志着我国第七次体育课程改革开始。1999年，国务院印发《关于深化教育改革全面推进素质教育的决定》，提出要贯彻素质教育的思想，提高师资水平，建立国家、地方和学校三级基础教育课程体系；三级课程体系突出了体育教学大纲的权威性和指导性；强调理论与实践、体育活动与卫生保健相结合；要求体育教育要继续弘扬传统的民族文化，让学生注重传统体育项目的学习；另外，提出灵活运用多样化的考核方式，重视个人能力的发展。我们看到，"三级课程体系"虽然强调了体育课程的选择性和多样性，但仍然没有彻底改变体育教学内容和教材全国统一的现状。

（八）健康第一的倡导（2000至今）

为了改变体育课程内容脱离学生身心状况与生活实际、兴趣需求，不利于终身体育的现状，"新课改"开始。2000年12月我国颁布《体育与健康课程标准（实验稿）》，提出体育课程应以"健康第一"为指导思想，注重培养学生的终身体育意识。"新课改"改变了以往体育课程内容过多、欠缺系统化的情况和以运动知识技能传授为主的体育课程教学倾向，建立了新三级课程体系[1]。2002年7月出台《学生体质健康标准（试行方案）》，2002年出台《全国普通高等学校体育课程教学指导纲要》，2003年出台《全国普通高等学校体育教育专业课程指导纲要》。2011年出台《体育与健康课程标准》修订稿。同时废除了《中学生体育锻炼标准》《大学生体育锻炼标准》。2002年实行《学生体质健康标准》，设置了健康等级，不是为了甄别和选拔的功能，而是强调针

---

[1] 张细谦. 新世纪我国基础教育体育课程改革的价值选择[J]. 体育学刊，2013，20（2）：49—53.

对学生个体差异的激励和促进发展功能[1]。但是,"新课改"施行以来,一味地注重学生的"心理健康第一",不但没有遏制学生体质下降的趋势,还造成体育教师不知体育课"怎么上?上多少?上什么?谁来上?"的困惑。

另外,如果从教材结构与体育课程类型改革的角度来看,可以把我国体育课程改革的进程分为四个阶段(表一):1979—1989年,体育课程教材的内容倾向于竞技化,且教材全国统一,贯彻上具有强制性,体育课程类型为唯一的必修课;1990—1994年,除了贯彻教学大纲的体育课程教材以外,还根据学生的实际情况选用了一些其他能有效锻炼身体的体育项目教材,如乒乓球、健身健美操、跳绳等,教材趋向于多样化,但还是具有规定性;1995—1999年,体育课程教材在贯彻教学大纲的基础上,突出健身和综合项目的多功能教材;2000年至今,体育教材则突出体育教育与健康教育[2]。

如果以贯彻的教学思想和教材为依据,可以把体育课教学划分为四种教学模式:技能教学模式、体育锻炼教学模式、快乐体育教学模式和体育健康教学模式(图二)。技能教学模式,主要贯彻的是体育技术思想,以技术教学为主;体育锻炼教学模式,主要贯彻的是终身体育思想;快乐体育教学模式,主要贯彻的是快乐体育思想;体育健康教学模式,主要贯彻的是健康第一的思想。这四种教学模式也并不是完全独立相互排斥的。由于一个完善的课程教学体系应包含教学思想、目标、内容体系、方法、评价手段等,根据教学对象的差异,不可能单单使用一种模式来应对所有的体育课程教学任务,应该相互结合和穿插进行针对性的教学。所以,从以上四个改革阶段来看,其主要教材、课程类型有渐变性和衔接性,有相似也有区别,体现出了"应试教育——素质教育"的渐进过程。所以,体育课程体系、教材内容和教学模式的改革也是一个渐进的过程[3]。

---

[1]李艳翎."转型期我国学校体育改革面临的问题"讲座PPT.
[2]李艳翎.社会转型与中国学校体育课程改革[J].北京:北京体育大学学报,2002(6):798—799,802.
[3]同上。

表一　体育课程改革变化过程

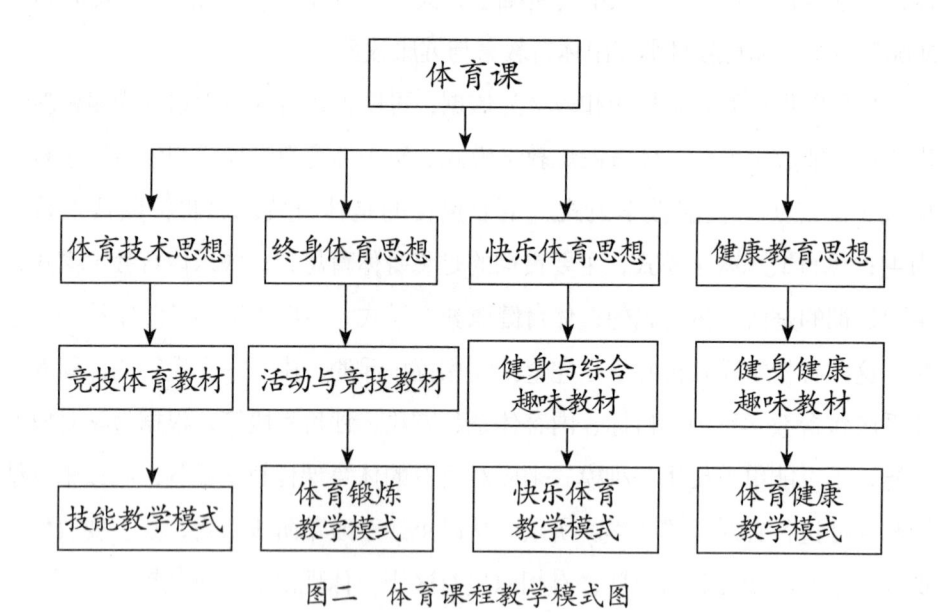

时间（年）	主要教材	教材特点	主要课程类型
1979～1989	竞技体育运动项目	单一性	必修课
1990～1994	健身活动与竞技项目	多样性、规定性	必修课与选修课
1995～1999	健身、综合运动、游戏、竞技项目	多样性、规定性和趣味性	必修课、选修课、活动课和社会活动课
现在	体育运动与健康教育	多样性、选择性、趣味性和健康性	选修课、活动课、社会活动课

```
                        体育课
       ┌──────────┬──────────┼──────────┬──────────┐
   体育技术思想  终身体育思想  快乐体育思想  健康教育思想
       │            │            │            │
   竞技体育教材  活动与竞技教材  健身与综合    健身健康
                                趣味教材      趣味教材
       │            │            │            │
   技能教学模式  体育锻炼教学   快乐体育       体育健康
                 模式          教学模式       教学模式
```

图二　体育课程教学模式图

二、我国历次体育课程改革的动因

作为一个相对完整和独立的系统，体育课程的改革动因有哪些？这些变革在当时具有什么样的意义？对这些问题的研究有助于揭示体育课程改革的规律。

（一）社会变革制约体育课程改革

一定的社会条件、社会要求和社会环境制约着人的发展及其价值的发挥，后者无法脱离前者而存在；同时，人的自我发展与完善，素质、能力与水平的提升，又可以使自己更好地切合社会需求，并在一定程度上推动社会发展。体育课程作为促进人的发展的一种社会活动，既要符合社会发展的规律，又要契合学生的身心成长规律。所以体育课程要不断适应经济、政治、文化等社会因素的变化，使自身切合当前的社会现实需求。同时，体育课程也应该保留自己的个性和独立性，以人的发展为宗旨，培养未来社会所需的优秀人才。

作为学校体育的一个主要构成要素，体育课程也和学校体育一样，属于文化的范畴，同样会在各种社会因素诸如经济、政治、文化、教育的影响和制约下，忠实地跟随与契合社会的动态发展，适应社会形势的要求。为社会发展培养各行业的劳动角色，如技术人员、工人、学者、公务员等，属于教育的外在价值，也称为教育的工具理性，而以"真、善、美"为主体价值，培养各方面协调、持续、稳定发展的人则属于教育的内在价值，也称为教育的价值理性。体育课程应以人的全面发展为最高宗旨，将价值理性置于第一位。然而，在工具理性的影响下，体育课程的价值理性长时间为人们所忽略。

从新中国成立至今，纵观体育课程改革历程，我们可以看到，社会的变革一直是体育课程改革的重要原因，而每一次改革的主要思想和内容也契合当时社会的总体要求。虽然在马克思关于人的全面发展学说的指导下，国家和政府一直把学生德、智、体全面发展作为中国教育的主要诉求，但是，这种德、智、体全面发展是以培养社会主义建设的优秀人才为目的的，也就是说，教育以服务于国家经济、政治、文化发展为最终归宿，在根本上仍然脱离不了工具理性。在这一点上，就有人说过："中国教育目的的实质，初级层次是培养德智体全面发展的人，中级层次是培养社会主义接班人，最高层次是培养社会主义建设的优秀劳动者。实际上就是以工具理性掩盖了价值理性，在表达上似乎不一样，其社会取向并未发生任何变化。正是因为教育被限制在社会需求之上，还在社会需求中寻找一个更狭小的目的，于是在这个过程中，人的主体性失落了，而工具性和功利性教育被凸显，学生被完全物化。"①审视中国体育课程改革的历程，我们发现，体育课程改革理念和内容多受当时社会背景制约，很大程度上反映了当时社会的现实需求，而其本身的内涵被掩盖，从而导致在具体的课程实施过程中，体育课程要么在培养政治斗争所需的"政治人"，要么培养经济建设的"经济人"，要么培养文化发展的"文化人"，只讲求体育课程的社会适应性，完全无视体育课程的社会超越性和独立性，使体育课程发展偏离了正确的轨道。当然，进入21世纪后，体育课程的价值理性逐渐回归，人的主体和核心地位逐渐得到真正重视，体育课程的价值诉求也逐渐从社会转移到了人，体育教学中人的重要性真正凸显出来。这也是在新的时代背景下学校教育思想解放和革新的必然结果。体育课程不仅仅是为了培养具有社会价值的建设者，最终要以人的发展为目标②。

与此同时，体育课程改革的表现，也受到了我国市场经济体制转变的巨大影响。中国社会受到经济体制转轨的影响，出现了以下几个特点：一是由同质性向异质性转变，也就是社会各个领域诸如经济发展水平、居民收入、价值观念、人际关系均由同质向异质转变；二是由封闭性向开放性转变，也就是社会中各个系统的沟通、交往、渗透越来越频繁和深入，边界逐渐消失；三是生活方式发生变化，即工作与生活节奏加快，人们的生活态度和方式不断更新，而且随着国民收入的增长，人民生活水平迅速提升，消费方式趋向多元化；四是产品经济市场化。而以上这些特点在我国体育课程改革中也反映了出来③。

在计划经济时代，我国体育课程在教材内容、教学模式上都有着高度的统一性。全国各级各类学校都使用统一的教材、统一的教学大纲和统一的评价标准，原国家教育委员会就面向全国统一颁布了《大学生体育锻炼标准》《国

---

①岳伟.促进人的自我实现：一种新的教育目的观[J].南京：南京师范大学学报（社会科学版），2008（1）：79.
②王本陆.中国教育改革30年：课程与教学卷[M].北京：北京师范大学出版社，2009：67.
③李艳翎.社会转型与中国学校体育课程改革[J].北京：北京体育大学学报，2002（6）：798-799，802.

家体育锻炼标准》。而统一的教材内容也集中体现了政治思想和竞技体育观。不过，在经济体制转轨过程中，这些统一虽然仍旧存在，但也逐渐被弱化和改变。比如，教材的内容逐渐从以竞技体育为主转变成集趣味性、大众性、健康性、活动性和综合性为一体的内容。而同质化的体育教学模式也逐渐被异质化模式所取代[1]。

所以，我国每次大的社会变革，都直接引领国家教育体制方针政策的大变革，而教育的体制方针政策变革，又会引起课程的观念、目标、内容与模式的变革，同时也就推动了体育课程改革。

（二）教育方针指导体育教学变革

所有的发展都以人的发展为前提和核心。人的发展，就是指个人的充分、全面、和谐发展，我国的教育界普遍认为是指学生在德、智、体诸方面稳定、协调发展。马克思的人的全面发展学说作为马克思教育思想的一个基本观念，一直指导着党和国家的一系列教育方针、政策的颁布与实施，进而指导体育教学变革。1957年，毛泽东就曾经在《关于正确处理人民内部矛盾的问题》中指出："我们的教育方针，应该使受教育者在德育、智育、体育几方面都得到发展，成为有社会主义觉悟的有文化的劳动者。"最早提出了我国的教育方针。1978年后，随着改革开放的全面启动，我国的教育体制得到重新确立和发展，该阶段的教育呈现出承上启下的特征，在对"文革"时期错误教育思想的否定与反思的基础上，为教育加入了政治、经济发展的取向。1978年的《中华人民共和国宪法》提出的"教育必须为无产阶级政治服务、同生产劳动相结合，使受教育者在德育、智育、体育几方面都得到发展，成为有社会主义觉悟的、有文化的劳动者"以及1985年《中共中央关于教育体制改革的决定》提出的"教育必须为社会主义建设服务，社会主义建设必须依靠教育"就表现出了这一教育的时代特征。不可否认的是，在当时提出为政治、经济发展培养社会主义建设人才的教育方针，对于纠正"文革"时期的错误教育思想

---

[1] 艳翎. 社会转型与中国学校体育课程改革[J]. 北京：北京体育大学学报，2002（6）：798–799，802.

是有其先进意义的，但是，"以人为本"，重视人本发展的理念仍然为人们所忽略。

1993年，中共中央、国务院颁布《中国教育改革和发展纲要》，指出："新形势下我国教育工作的任务是：深入贯彻党的十四大精神，全面坚持党的基本路线，在建设中国特色社会主义社会的理论指导下，全面落实党的教育方针和政策，面向现代化、面向世界、面向未来，加速教育改革与发展，建立适应社会主义市场经济体制和政治、科技体制改革需要的教育体制，提高人民的综合素质，为社会主义现代化建设培育大量人才。"

在当时，教育带有浓厚的经济色彩，表现出明显的经济价值取向，这也成为教育的主旋律。我国在计划经济时代形成的集体利益高于个人利益，为集体利益牺牲个人利益的一元价值观逐渐被集体利益与个人利益并重，两者相互结合相互促进的二元价值观所取代[1]。而这种价值观念的转变也对体育课程改革产生了深远影响。另外值得一提的是，经济价值观念的转变，影响到政治上就产生了权力的转移，社会权力的转移使得社会的合理性观念也发生变化，统治者的合理性观念支配着体育课程的改革。在高度集权制下，课程的权力系统的运作也是集权式的，例如苏联和中国中央集权制下课程的决策与管理体制也是高度集中的，教育部的权力很大，教学大纲、教学计划、教科书具有全国统一性。在分权制下，课程的权力系统的运作也可能是分权式的，例如美国的课程极其灵活多样，每个州、每个地区都有充分的自决权。还有，政治权力和政治意识通过中介影响课程的要素系统。课程的要素指组成课程的成分，如课程标准、课程计划、课程门类等。如果说，政治意识决定课程标准、课程目标、课程内容的价值特性的话，那么，政治权力则通过课程的权力系统决定具体的学科、教科书等"实体"部分。体育课程的改革一直都是受制于体制转换过程

---

[1] 李艳翎. 社会转型与中国学校体育课程改革[J]. 北京：北京体育大学学报，2002（6）：778—802.

中政治权力和政治意识的支配的①。

21世纪以来，随着改革开放的不断深入，社会的价值观不断发生变化，以人为本、重视人、完善人逐渐为教育界所重视。在这样的背景下，教育更加关注人的发展，肯定学生在教育中的主体地位，把学生当作一个个独立而有个性的生命体，重视学生全方位个体发展的需求，逐步淡化教育为政治、经济服务的工具理性，崇尚价值理性。2001年，《基础教育课程改革纲要（试行）》出台，提出"新课程的培养目标应体现时代要求。要使学生具有爱国主义、集体主义精神，热爱社会主义，继承和发扬中华民族的优秀传统和革命传统；……具有适应终身学习的基础知识、基本技能和方法；具有强壮的体魄和良好的心理素质，养成健康的审美情趣和生活方式，成为有理想、有道德、有文化、有纪律的一代新人"②。该纲要对课程改革与实施要促进学生个体全面协调发展的任务进行了强调和凸显，和过去将教育视为服务于政治、经济活动之工具的观念相比较，是一次大的飞跃。

（三）教育观念影响体育教学变革

作为主体的典型特征之一，价值观是主体根据自身需要而产生的具有倾向性的认识和评价标准，也是人各项行为的导向和尺度。价值观反映出主体选择什么、如何选择、在什么程度上选择，然后付诸自身的行为。体育课程的价值观，就是体育课程在导向上和社会主体也就是人的自身需要之间的某种内在的联系，而人们对于这种联系的认知和态度就形成了体育课程价值观。体育课程是"人为的"，也是"为人的"，其本身就存在于与人的相互关系当中。在我国建国初期的社会发展进程中，人和人的关系是普遍同一化的，人学理念强调人和人的相互依存关系，因此当时的教育价值观也就着眼于维护普遍同一的社会关系，而忽略了人的独立性。之后随着科学与经济的

---

① 李艳翎.社会转型与中国学校体育课程改革[J].北京：北京体育大学学报，2002（6）：798-799，802.

② 钟启泉，崔允漷，张华.为了中华民族的复兴 为了每位学生的发展——基础教育课程改革纲要（试行）解读[M].上海：华东师范大学出版社，2001：8.

发展，人们追求和享受物质文明的成果，人的独立性通过对物质的追求逐渐体现出来，人学理念与教育价值观开始注重人的独立性特征；而进入21世纪后，人和人的关系变得更加紧密、复杂和多元化，对应的人学观和教育价值观更注重"共生性"[①]。

教育观念直接决定着教学活动实施的目标和方向，它是教育者们对于人与教学规律的理解与把握，也是人们对教育行为的一种认识和总体要求，还是教师实施教育行为的出发点和依据。我国的历次体育课程改革都受到教育观念不断革新的重要影响，也反过来体现了新的教育观念。换句话说，教育观念的革新是体育课程改革的条件和依据，如果没有教育观念的革新就不会发生体育课程改革。通过改革，新的教学观念会从教学活动的开展过程中体现出来。回顾我国体育课程改革历程，在新中国成立之初，体育是服务于政治和社会发展的"工具"，人本理性在体育教育观念中严重缺失；随着改革开放的不断深入，"素质教育"开始推行。素质教育相对于应试教育而言，更加关注学生素质全面健康的提升，人本理性和社会理性开始逐渐交汇，站在个人发展面向社会需要的角度来重新认识体育课程，进而出现了快乐体育、健康体育和终身体育等观念。素质教育取代应试教育，并不是完全排斥和推翻应试教育，而是发展性地取代。这是一个长期和循序渐进的过程。素质教育的先进性毋庸置疑，但由于传统教育观念的长期影响，应试教育并未被完全舍弃，甚至可以说，在体育教育的实践中仍然占据着非常重要的地位，这也是双重教育观念主导下体育课程的注定结果[②]。

进入21世纪后，新课改实施，将学生置于教育的主体地位，体现了"育人为本"的全面发展思想，教育理念关注学生的身心健康。过去的体育课程以"三基"为基本任务，视学生为工具，视体育课为服务阶级斗争、政治需要以及社会发展的工具，否定人的个体性和核心位置。而随着时代的进步，学生的

---

①鲁洁. 关系中的人：当代道德教育的一种人学探寻[J]. 北京：教育研究，2002（1）：3—9.
②李艳翎. 社会转型与中国学校体育课程改革[J]. 北京：北京体育大学学报，2002（6）：798—799，802.

个体价值得到肯定和重视，学生的个性得到释放。体育课程教学在原来以锻炼体质为主的观念之上增加了人文观，从而构建了身体发展、心理发展与社会适应的体育与健康三维观，认为体育教学的主体是学生，不同的学生存在着不同的个体价值和个性化差异，要让学生形成良好的体育与健康习惯和主动学习的能力，培育核心素养，从而提升体质、增进身心健康，提高社会适应能力，张扬个性，完善自我。由此看出，在改革中人的发展的重要性得到了肯定、认同和发扬。综上所述，我们认为，新中国成立以来体育教育观念的不断革新，也是我国体育课程改革的重要动因之一。

第三节 探析：当前我国体育课程教学的现状与归因

作为一类社会行为，体育与其他社会活动一样，应该将人置于核心地位，集中体现出人本关怀的内涵。正是因为体育的出现，人类的生活也就变得更加丰富多彩和健康充实。但是，目前的体育课程似乎并未完全做到这一点。特别是在体育教学实践活动中，学校和教师都忽视了人的主体性和根本性，对于全面发展的含义认识肤浅，对于人的本质片面理解，甚至漠不关心。

一、现状探寻：当前我国体育课程教学的现状及问题

（一）生命本体的漠视——体育本质的遮蔽

人们对于体育本质的理解从来都是众说纷纭，各举一端。从表现上看，体育似乎就是一个通过各种运动强化身体素质和提高运动能力的方式而已；然而如果从文化的视角来研究，体育是一个以人为出发点和最终归宿的整体意识与行为过程，是一个自然人不断升华和蜕变的重要途径。因此，体育的价值就应该是人的本质不断体现、人的身心不断完善、人的价值不断彰显、人的发展不断推进，最终实现个体需求与社会需求的完美融合。

然而，由于长期以来人们对于体育本质认识的不足，使体育课的工具理性占据了统治性的地位，而"应试""达标"则成了体育课程的现实目标，"统一化"则成了体育课程的教育表现形式，体育的本质被完全遮蔽。1978年以前，全国体育课程教学是一刀切，全国统一：统一教材、统一大纲、统一达标；1978—2000年的体育课程改革在原来的"三统一"上有一些松动，但还是维持大致"统一"；2000以后，虽然素质教育提出并付诸实施，但在教育实践中应试教育仍是主流。

近年来，学校体育课程改革完全打破了"三统一"，但是又出现了新的问题，如以"健康第一"为指导思想，却产生了体育教师一味追求学生"心理健康第一"，弱化了体质教育职能，造成体育课不能遏制学生体质下降的趋势，还导致体育教师不知道体育课"怎么上？上多少？上什么？谁来上？"。再如"快乐体育"的课程价值取向，导致体育课程内容设置为了追求"学生快乐、好玩、新颖、好看"，淡化运动技能教学，淡化教师的权威，课程偏离身体锻炼的主线，向"生活化"发展，教材选用存在低龄化、幼稚化。从而出现了所谓的"超市"教学法、俱乐部教学法、主题教学法，课程内容诸如挑担茶叶上北京、保卫祖国、扁担南瓜、多米诺骨牌、扫把扫地、小八路练本领、齐心协力奔奥运等[1]，体育课程完全游戏化，浅薄化，变得"不务正业"，失去了其本身应有的价值。

以上这些问题出现的根本原因，就在于对生命本体的漠视。总的来说，对生命本体的漠视体现在以下两个方面：

1.片面强调人存在的社会价值，忽视人的生命本体价值

"当今的教育总体上都将国家富强、社会进步、经济发展与科技领先作为自身的神圣使命，所以，我们的教育成了培养能够通过自身知识、能力、技术完成这一使命的人才的工具，而指引学生实现幸福美满生活的教育本体价值已被完全掩盖，人文、信仰、精神等都被教育剥离开来，教育的灵魂名

---

[1] 李艳翎."转型期我国学校体育改革面临的问题"讲座PPT.

存实亡。"①而作为教育的重要组成部分的体育课程也面临着同样的命运。毛振明教授认为，由于不同国家及其不同历史阶段的特定要求，体育教育在某个时期就会呈现某种鲜明的特征，其功能的某方面就会被特别凸显出来，以至于形成各种各样的体育教学思想，或者叫体育价值观。②这种观点可以从我国近现代体育价值观的演变中得以证实。

军国民体育价值观：强调体育教育的强国强军功能，以军事与战争需要为前提，培养拥有军事技能和战斗意识的"军国民"。

国粹体育价值观：强调体育教育对于国粹等传统民族文化及民族精神的传承与弘扬功能。

体质教育价值观：强调体育教育的增强体质功能。该思想起源于严复的《天演论》中"物竞天择，适者生存"的观点，使国民产生了强烈的民族危机感，他主张自强保种，救亡图存，提出了"鼓民力，开民智，新民德"的救国方案，将教育与抵御外侮和民族崛起的重任紧密融合，从而体育教育就以增进国民体质为主要任务。"中国引进西方体育最初就是为了'师夷长技以制夷'，没有其自身的内在驱动力，也就丧失了体育丰富生活、促进幸福的功能。"③

技能教育价值观：强调体育教育的技能教育功能，以提升人的生存、生活、运动技能为主要任务。

竞技体育价值观：强调体育教育的竞技能力培养功能，为体育专项竞技比赛输送优秀的后备人才。

终身体育价值观：强调体育教育要培养终身进行体育锻炼的意识和习惯，让学生在身体、运动知识和运动技能方面打下基础，在生命每个阶段都自主自觉地进行持续锻炼，以提升和维护生命与健康质量。

快乐体育价值观：强调体育教育给人带来快乐与幸福的功能。认为体育教

---

①刘济良.生命的沉思：生命教育理念解读[M].北京：中国社会科学出版社，2004：72.
②毛振明.体育的功能、价值和体育学科的目标[J].广州：体育学刊，2001，8（6）：4—8.
③杨文轩，陈琦.体育原理[M].北京：高等教育出版社，2004：52.

育应该是令人开心、愉悦，充满欢乐的活动。

保健体育价值观：强调体育教育的身心保健功能，将强健身体、促进发育、修身养性、舒畅情怀、预防疾病乃至于卫生护理等作为体育教学的主要任务。

新中国成立之初，在当时特殊的历史背景下，为迅速改变"一穷二白"的局面，提高综合国力，体育教育被赋予了服务政治形势的使命。到了20世纪50年代，我国借鉴苏联的体育教育模式，决定实施"劳卫制"。1958年，全国中小学体育工作经验交流会召开并印发《关于切实贯彻全国中小学体育工作经验交流会精神的联合通知》，提出了"以劳卫制、等级运动员、普通射手为内容的群众体育运动，主要是为了促使学生坚持经常体育锻炼，迅速地增进健康，增强体质，以进一步贯彻教育方针。"四红运动兴起，要求学生全部达到劳卫制一二级、等级射手和等级运动员的合格标准。体育课的口号是"锻炼身体、保卫祖国、建设祖国"，体育完全变成了政治的附庸。"文革"中，"以劳动和军训代替体育"成为体育教育的主要内容，以某些具体指标的达成作为体育课的目标，通过劳动和军训的方式实施体育教育，无视教育与体育的客观规律，也违背了学生的成长规律，体育课完全走上了错误的方向。这些都是将体育工具化、将学生物化的体现。另外，竞技体育的思想也是其重要代表，主张在国家总体发展水平不高、体育资源有限的现实条件下，利用社会主义的优越性，将有限的人力、物力和财力运用于为国家培养优秀的体育竞技人才，把竞技体育放在体育教育的首位。也就是说，在他们眼中，体育就是Sports，而Physical Education（体育教育）被彻底遗忘，Fitness&Wellness（体能与健康）更是无从谈起[1]。

在我国传统观念的长期影响下，尤其是过去的教育崇尚"修身、齐家、治国、平天下""学而优则仕""穷则独善其身、达则兼济天下"，将社会价值置于人本价值之上，这就导致单一的社本导向在国人心目中根深蒂固，人本

---

[1] 季浏，胡增荦. 体育教育展望[M]. 上海：华东师范大学出版社，2001（12）：14.

观几乎没有立足和成长的精神土壤。如此说来，我国的教育被当成为政治服务的工具就不难理解了。受教育者也就是学生的主体性、存在性和自身价值被忽略，个体发展被弱化，人本关怀被抛弃，价值理性被工具理性全面遮蔽，教育失去其本真和本源。而体育教育作为教育的重要组成也逃脱不了这样的命运，社会需要主导着体育课程，社会对体育的需要取代了人对体育的需要，体育课程的全部价值就是为国家、社会、民族做贡献，人性、人的自身归宿与人的幸福在体育课程中消失不见了。

2.过分强调人的生物机体作用，忽视人的精神生命

人的本质具有生物性，这一点毋庸置疑。但是，人的本质也不仅限于其生物性，应该还包括精神、情感和灵魂。"并不是说只要四肢发达、体魄健壮、远离疾病，人就是健康的。一个人精神的幸福感和满足感也是健康不可或缺的组成部分。很多人缺乏幸福感，不是因为物质和身体的原因，而是精神空虚，缺乏精神寄托，没有文化情怀和自在体验，也就失去了生活与发展的动力。"[1]精神的愉悦也是幸福感的来源之一，健康影响着人们的幸福体验，而身体健康并不是其全部，因为即使是体魄健壮的人也可能"心情抑郁，愁肠百结"[2]。我们说，人与其他生物的区别，不仅仅是人拥有自身的特定形体，更多的还是人拥有自己的精神。正因为如此，人才成为"天地之长、万物之灵"。

然而，我国一直把人的生物机体作用置于体育课程的首位，而精神生命则成为可有可无的附庸，甚至完全抛弃了精神属性，或者说，精神、人文、自由在人的本质中被彻底割裂，体育课程对于人的培养无法实现肉体和精神的合二为一，也无法将人文素养与情怀融入其中。

一直以来，我国体育教育都以"体质教育"为主，讲求通过体育课程提升学生的身体素质。体质教育价值观强调体育增强体质的功能，使体育的本质唯一化了。这种观点在近现代教育中十分普遍，并被誉为"真义体育"，它态

---

[1] 叔本华. 叔本华人生哲学[M]. 李成铭，等译. 北京：九州出版社，2003：13.
[2] 同上，2003：14.

度鲜明地主导着学校体育课程的发展进程，且与其他体育价值观泾渭分明，分庭抗礼。这个"真义教育"，就是要让体育回归增强体质的真义，回归身体教育的本质。林笑峰说："体育就是增强体质的教育，必须把增强体质作为唯一的目标。"饶记乐也认为身体教育是体育的本质属性，而体育的本质是由人的本质决定的。腾子敬也曾说过"学校体育课程的出发点和归宿点应该是锻炼身体、增强体质。"[①]

以上这些看法有着鲜明的统一特征，那就是以人的生物性为依据，利用生理学、生物学、解剖学的理论来认识人，评价人，强调身体的重要性。川村英男指出：由于国民身体体力变弱的趋势愈加明显，人们对于"发展体力"的需求愈加迫切，如此一来，体育课程就成为"发展体力"的教育。这种将体育功能的多元性局限在身体场域内，不得不说是一种遗憾。诚然，身体与体力是人生命的基础性存在，其重要性毋庸置疑，然而，在一个人一生的发展历程中，身体发展也只是一个部分而已。另外，强调人的生物性还表现在将体育课程对于身体健康的意义过分地吹捧。理智地说，体育课程对于身体健康确有促进意义，但身体健康并非仅依赖体育实现，还受到生存环境、家庭教育、作息规律、营养水平、医疗条件等要素的综合影响，这些是无法通过体育课程来改善的。最后一点，体育课程过分依赖于体育锻炼，为了体质与健康的提升，体育课的内容就是持续不断的、单调的锻炼，无视学生核心素养的提升，缺乏对于学生全面发展的把握，失去了体育课程实现人的全面发展的意义。

（二）达标整齐划一——抹杀个性的教学观

体育课程被同一化和"流水作业化"，以"达标"为主要目标，体育课程教学变得简单和统一，按部就班，千人一面，抹杀了学生独特的个性、潜能、兴趣爱好与人格差异，从整体上消泯了体育课程的魅力，也消解了体育课程"教学育人"的品性。

"当前的体育课程教学类似于工业机械化作业，有统一的流程与标准，

[①]滕子敬.学校体育研究与探索[M].北京：北京体育大学出版社，2004：189.

所有学生都接受统一的教学内容和教学流程，也面对着统一的评价标准。"①每节体育课都有着程序化的模式，如典型的"准备开始部分——基本部分——结束部分"的三段式教学和把准备开始部分两分的四段式教学。体育教师按照千篇一律的基本套路，统一规格、统一要求、统一标准、统一进度面向所有学生，学生所学所得完全一样，最终就是为了全部达标。原本可以丰富多彩的课堂变得枯燥乏味，学生的个性差异和生命自由被全部剥夺。有学生是这样评价体育课的：

"我觉得体育课不仅要让我们锻炼出强健的体魄，还要激发我们的兴趣，尊重我们的个性，发现我们的运动特长，引导我们养成运动习惯。然而，现行的体育达标制度对我们的要求整齐划一，这样一来，有些本身体质好、运动能力强的同学不用上课都可以取得理想的成绩，而我们这样体质弱和运动能力差的同学再怎么用功都得不到好成绩，所以我们对上体育课越来越没有积极性，我想这也是体育老师不愿意看到的。我们每个学生的实际情况都不一样，其他课程这样做无可厚非，毕竟课堂知识可以以自学的方式提升上来，但是体育课不一样，我们的体质和运动能力很难通过自己提升上来。另外，也是因为达标制度的统一规定，体育课教的东西我们不喜欢，我们喜欢的东西体育课又不会教。实际上，我觉得不管是长跑短跑、跳高跳远还是排球足球，只要锻炼身体的效果达到了就可以了。最后，我认为体育课的眼界要放宽一点，不要总是念念不忘达标，还可以加入一些新的对我们实际生活有用的东西，比如保健知识、生理卫生知识、自主锻炼的规律与注意事项甚至是野外生存技巧等。"②

这种教学实际上就是将所有学生视为整齐划一的同质个体，他们有着相同的智力基础、体质体能和学习能力，有着相同的性格和运动积极性，总而言之，所有学生都在同一起跑线上，并且以教师规定的统一方向与速度发展前行，最终到达同一个目的地。在成绩评价上，体育课程仅以运动训练与体能发展成绩为唯一评价指标，完全不考虑学生锻炼习惯的养成、人格的成熟、情感

---

① 宋秋前. 课堂教学问题问诊与矫治[J]. 北京：教育研究，2001（4）：47—51.
② 毛振明. 体育教学改革新视野[M]. 北京：北京体育大学出版社，2004：5.

的提升与个性的张扬，这是非常片面且不合理的。正如上面那位同学所说，有的学生天分高，基础好，体育上不怎么学也能拿到理想成绩，有的学生天分低，基础差，即使再努力也还是不能取得好成绩，这大大挫伤了学生的积极性和进取心，还可能伤害学生的自尊心和自我认同感，逐渐排斥和放弃体育运动。[①]我们的很多学生不喜欢体育课的原因在哪里？就在于其对于"达标"和"考试"的过分看重，课程评价的方向不是学生在原有基础上的全面发展程度，而是运动成绩；将学生的体育成果完全量化，以整齐划一的标准度量每一个学生，应试教育观贯穿于整个过程。这种抹杀学生个性的体育课程教学带来的后果，就是天分基础好的学生轻而易举取得好成绩后骄傲自满、怡然自得，不想继续学，而天分基础差的学生发现得不到好成绩后便心情沮丧，毫无动力，不愿意继续学。

在当前应试教育的背景下和统一的行政干预下，虽然我们常把素质教育挂在嘴边，但在体育课程的具体实施当中，人们无视学生的个体需要，无视学生的个性发展，无视体育内涵的博大精深[②]，我们的体育教师一直在使用同样一把剪刀、一个模具，修剪和固化着每一个拥有独立个性的学生。

（三）内容高度统一——知识本位的课程观

在传统的知识本位课程观影响下，课程的"教学育人"价值被扭曲，在体育教育者看来，课程等同于科目，而科目等同于教材，教材等同于知识，所以课程等同于知识。在确定体育课程内容时，人们更多地重视其知识性、技术性和对于增强体质的实效性，却把学生这个教育的主体遗漏掉了。就算是考虑到了学生的部分生理发展规律，也还是为更好地进行知识教学服务的，学生只是某个特定成长阶段的统一化群体而已，忽略了学生的个体性。"三基"就是典型代表，它把基本知识、基本技术和基本技能作为体育课程的全部内容，其实质就是代表着一种自以为是、故步自封的经典科学主义思想。在大家的观念中，体育就是讲授知识，教会技术与技能，在这种局限性思维的束缚下，体育

---

① 季浏，胡增荦.体育教育展望[M].上海：华东师范大学出版社，2001（12）：204.
② 刘济良.生命的沉思：生命教育理念解读[M].北京：中国社会科学出版社，2004：81-82.

课程面向人这种复杂高级的生命体时就显示出冷淡与漠视的态度。它只要求将原本丰富的教学内容浓缩成固定的知识点，并使用相应的方式和方法填充给学生，教学过程成为一个简单和机械化的活动，教学内容也完全的同一化。然而，我们并没有注意到，"教育的灵魂，教育的本质要求，教育最终要解决的问题，就是实现人对于自身的改造和提升……最终还是需要人通过意识、知觉，将所学所得消化和吸收，并主动融汇到自己的生活中去"[1]，"如果把丰富多彩的体育课程内容抽象成一个个统一的知识点，并将其与人的生命与生活的联系完全隔断，这是体育课程的悲哀。它使我们的体育课堂教学失去了活力和无限的创造力，教师与学生都在严格的框架中传播和接受体育知识，其个体的独立性和多样性不被尊重，其潜藏能力和交互作用无法体现出来。这也是体育课程教学中人的主体性旁落的一个体现。"[2]

　　课程的文化传承与创新机制的内在矛盾也可以说明问题。很多人都将课程文化看成是一种具象的、僵化的、表征化的、可拆解也可重组的存在，课程的文化传承机制强调文化的复制与传递，其目标就是让受教育者记住、理解和接受，并不关注文化的内化、浸润化，也不关注文化的创新，更不用提"人文化成"，教育成为肤浅的知识传递过程，在这个过程中，体育课程文化被具体化成可观、可表、可闻的条理性知识体系，其重组、创新和升华过程被忽略，学生沦为知识的奴隶，无法产生自己的思维，更无法运用其启示、驱动与鞭策自己的行为。过去的很长一段时间，体育课程的思维都以技艺化为主导，轻视人的价值。强调"自然化人"而忽略马克思提出的"人化自然"观念。体育课程在这种知识与技艺为核心的观念主导下，其科学主义越来越严重，而人文主义则消失殆尽，如此一来，天和人、物质与精神、科学与人文、自然价值与生命价值之间的联系被割裂，人的高贵性被贬低。在此情况影响下，体育课程内

---

[1] 郭思乐. 经典科学对教育的影响及其与教育生命机制的冲突[J]. 北京：教育研究，2003（2）：15-21.
[2] 叶澜. 让课堂焕发出生命活力——论中小学教学改革的深化[J]. 北京：教育研究，1997（9）：3-8.

容就被高度统一化，并不断地重复，小学、中学直到大学，学生都要学习前滚翻，蹲踞式起跑。有学生曾这样回忆说："感觉从小学到大学，学校体育课给我留下的印象就是总是在翻，总是在蹲，我上了16年的体育课，都不知道自己到底学会了些什么有用的东西。"

我们再看看这个学生对体育课的评价："我原来一直以为体育课是充满欢乐和激情的。但是我现在所看到的中学体育课，就是一成不变的技术训练。体育老师布置一个任务，我们就一遍又一遍地练习，直到老师认为合格。但是，这个合格是建立在我们不断进行单调、死板、重复练习的基础上的，是以牺牲我们的乐趣和积极性为代价的。体育课本应该是热情洋溢、兴高采烈、精彩纷呈的，而我们的体育课在一个任务训练的情景下，只剩下了大声的训斥和急促的喘息。"[1]

（四）师生关系异化——体育教师角色的错位

毛振明教授认为，体育老师似乎和以下几类过去的教育者角色有着某些相同或相似之处[2]。

第一类是师父，传道授业的师父。体育的一些知识和技巧都是师父教的，比如武术。

第二类是旧军人。体育的一些项目源于兵式体操，部分体育课程教学过程中依旧还保留着旧军人的习气。

第三类是学监。在某种程度上来说，体育教师似乎就是执法者，有着监督和管教的权力，其他老师如果有不听话的调皮学生，就由体育老师出面来管教他。

第四类就是教练。体育老师经常留给人这样一种印象，就是课内课外都喜欢在胸前挂个哨子，或者挂个秒表，似乎这就是体育教师的"标配"和标准打扮。这和体育比赛中的教练形象一模一样，而且体育老师确实在校内各种体育比赛中也经常充当了这个角色。于是，在人们的心目中，体育教师和教练

---

[1] 毛振明.体育教学改革新视野[M].北京：北京体育大学出版社，2004：4.
[2] 同上，2004：20.

就没有什么两样了。

"大致来说，学校的教师在人们印象中分为三种形象，语文、数学老师属于文人，美术、音乐老师属于艺人，而体育老师则属于武人。"①

体育教师角色的错位，也就是说，在学生和大多数人心目中，体育教师和毛振明教授所列的四种角色高度相似，体育老师成了单方面灌输知识的师父，无视学生个性、尊严和自由发展的旧军人，以惩罚式、专权式管理为主的学监，以及单单重视体育竞技水平而忽视体育其他功能的教练。

作为所有教师中的一个类别，体育教师被人们所误解的原因归根结底还在于大家对于体育的误解，还是源于人们将体育课程与运动技术、军事训练、身体教育和竞技比赛混为一谈，体育课程的目标与以上这些行为的目标，成为发展运动、军事、体质及竞技等能力的教育活动。于是，体育课程的过程中充满着强制性，失去了开放性和自由发展性，体育教师拥有绝对的权力，完全掌控着课堂，对学生耳提面命，而学生就是唯命是从，令行禁止。在这样的情况下，教师与学生的关系变得紧张而失衡，学生完全失去了自己的激情和活力，变得唯唯诺诺，谨小慎微，甚至对老师产生惊恐和畏惧，学生充满青春和生命力的个性无法张扬，思维无法活跃，积极性无法产生，情感无法释放，从而导致我们的体育课变得僵化呆板，不能给学生带来幸福和快乐的体验。

（五）课堂管理专制——压抑自由的教学

专制式课堂教学并不只在现代体育课程中存在。从1904年清政府颁行《奏定学堂章程》，正式开设体操课以来，我国近代很长一段时间都是以西方军国民主义价值观来指导体育课的，以兵式体操为代表的体育课程内容军事化倾向严重。学生不准在课堂上有自己的想法，不准随意向老师询问自己的疑惑……，除了各种各样的"不准"以外，如果老师认为一个学生违反了规定和要求，也不会给学生任何申辩和解释的机会，直接主观武断地给予相应的惩罚。这从一个体育教师的授课心得中可以表现出来：

---

① 曲宗湖、杨文轩. 学校体育教学探索[M]. 北京：人民体育出版社，2000：213.

"'四段式'的体育课安排一定要连贯、紧凑、无缝隙,并且每一个阶段都要安排足够的任务让学生不停地运动,只有这样才能避免学生在课堂上松懈下来,开小差或者做别的事,所以,我们一定要尽可能地充实内容。另外,当我们发现有学生没有看着老师,不专心于课堂学习,注意力分散的时候,我们不可以轻易放过他,一定不能觉得说个别学生不专心无所谓。"[1]

国家虽然一直都号召教育要以学生为主体,但是在实施过程中,很多体育老师仍然没有转变自己的观念,仍在无视学生的主体地位,以专制式的课堂管理方式,严重压抑了学生内心对于自由的向往和追求。有学生这样说:

"在体育课上,我们就像一个个木偶,被老师完全地掌控和安排,老师布置什么任务,我们就按照指导和要求循规蹈矩地完成就行了。这样让人身心俱疲又毫无乐趣可言的体育课,我们心里其实是很抵制的。我们以前经常在上课前向上天祷告,祈盼赶快下雨,让我们不用上体育课;我们也曾经经常站在操场上,愁眉苦脸,唉声叹气,心里不断地期盼这节体育课能够早一点结束。"[2]

专制式的课堂教学,会衍生出很多错误的具体教学行为,如对学生的不尊重甚至是实施侮辱和人身攻击,对其个体发展造成很坏的影响,这样的情况屡见不鲜。在《塑造教师》一文中,美国的罗林·奥林奇博士将教师的错误教学行为进行了总结,归纳为侮辱、过分的苛责、虐待、人身攻击、嘲笑、偏见、体罚、漠视、种族歧视、性别歧视、师生关系暧昧以及性骚扰等25种。在中国,体育教师的错误教学行为以体罚尤甚,学生如果不听话、不守规矩或者没有完成教学要求,体育教师总喜欢罚他们围绕教学楼跑多少圈,或者沿着走廊蛙跳多少个,这在体育课程教学中似乎是司空见惯、不足为奇的事情。

在武汉一个小学的体育课上,学生们正在规规矩矩地排着队,轮流训练掷实心球。这时,有一个学生插队了,越过别人上前去投掷,体育老师王某看到

---

[1]卢青. 站到学生的后面去:思考学生心目中的体育[M]. 北京:北京体育大学出版社,2003:271.

[2]同上,2003:272.

这个情况大发雷霆，走过去左手掐着他的脖子，右手重重地打了他一个耳光，使得这个学生的脖子和脸上出现了严重的伤痕。陕西宝鸡市陈仓区一所中学里，学生翟某正和别的同学打闹嬉戏，不小心撞到了体育老师姚某，姚某大怒，在翟某脸上重重打了两巴掌，导致翟某鼓膜穿孔……。类似于这样的报道时常出现在各大新闻媒体上。学生的身体被严重地摧残，学生的心理被严重地伤害，学生的感情被严重地打击，这样的情况和事件似乎还在发生和继续着，必须引起重视和警惕。

（六）现实生活脱节——体育与生活的割裂

从源头来说，体育的产生，是以人对生活的主观需要为基础的。在婴幼儿阶段，人还没有接受正规的体育教育，这个时候的体育其实就蕴含在生活里，生活本身就是他的体育课。当人开始读书并接受系统的体育课程教学时，体育教育就从人的日常生活中独立了出来，成为一门相对封闭而完整的学科。前面提到，当前我国体育课程的理论与实践，还是以科学理性和工具理性为主，因此，体育将科学设为第一要义，而丧失了现实生活的旨趣。在科学理性下，青少年的体育教育被分成了两个毫无关联的场域：现实生活场域和科学教育场域。就像《学会生存》一书所说："青少年在教育的场域中像木偶一样被灌输着知识，却在生活的场域里通过自身的活动来获得慰藉。"[1]前者活动使体育脱离了生活，学生学习体育只是为了掌握体育知识、技能与技术，并在考评时取得好成绩而已；而后者活动使生活脱离了体育，生活没有了体育的指导、提炼和升华，变得失去了意义、价值和目标性。毛振明教授比较了教育学科型体育和生活游戏型体育的区别（表二）。

---

[1]联合国教科文组织国际教育发展委员会.学会生存：教育世界的今天和明天[M].北京：教育科学出版社，2009：12.

表二　教育学科型体育与生活游戏型体育的区别

特性	作为教育学科型的体育	作为生活游戏型的体育
时间选择	不能根据自己的情况选择	完全根据自己的情况选择
同伴	不能自选	根据好恶自选
过程	教的过程长，玩的过程短	在玩的过程中学习
技能	技能规范	技能实用
评价	重视教师的评价考核	注重同伴的赞赏
地点	不能决定，不能任意布置的场地	任意选择和布置的场地
榜样	教师的示范和要求	同伴的优点
时间长短	以课时和教学安排为限	以尽兴为止

正是因为体育课程割裂和脱离了生活，人的意义也随之消散，因为人不能抛弃生活而单独存在，两者是合一的。我们认识到体育课程对人的意义的重要性之后，就可以体会出体育课程割裂生活实际上就是忽略了体育课程对实现人的自我满足和自身需求的效果。马克思说过："需求导致了供给。"正因为人对体育课程有需求，体育课程才能够在其促进下稳步发展。体育课程与生活的割裂体现在三方面：

1. 人的需要被漠视

人活着必然会产生很多的需要，在这些需要的推动下，人才会产生改变自身和世界的愿望和积极性。理想的体育课程应该尊重人的需要，服务和推进学生的全面成长，然而实际上，体育课程中人的需要并未得到充分的认识与肯定，人们把体育当成教育的工具，不管学生要不要，有没有用，都强制性地将知识和技术填装进学生的头脑中，这种一厢情愿的教育方式，漠视学生的本体需要。学生被当成了没有自我意识和自我追求的"一副身体"，所以体育教师可以对其任意灌输、拿捏和摆弄，可以对其任意地侮辱、嘲讽和体罚，人的尊严也可以被随意践踏。为什么那么多学生对体育课敬而远之？这种不尊重人的需要、不把人当人的观念有不可推卸的责任。

要是学生在读书时自己的需要被老师理解、认可、关心和满足，在他们长大进入社会后，就也会同样认可和关心别人的需要；要是学生从小到大都感受不到学校老师对自己的关怀、对自己个性的肯定和对自己各种需要的重视，他们长大后可能也会变得自私自利、自以为是、冷漠无情。"我们不能夸大教育的价值，教育无法直接令一个人生活美满、事业成功，但教育却可以引导学生更好地认识自己、把握自己，让他们准确意识到自己内心的渴望，满足他们的成长与提升的精神需要，最终成为一个健康、完善、全面发展的人，取得人生的各种成就。"[1]

2. 对人的需要的满足片面化

当今时代，物质文明的高度发达，使人民生活水平大大提高，同时也带来很多的观念问题。其中一个重要方面就是父母和学校把珍爱生命、珍爱孩子片面化为要更好地满足他们的物质需要，其精神和心理需要被不同程度地忽视掉了。体育课程的人文精神没有了，体育课程的内容知识化了，体育课程的过程同一化了，体育课程的目的达标化了。人的需要在体育课程当中的认识变得单薄和片面。学校和家长都重视孩子的身体好不好，成绩好不好，我们创造的物质条件好不好，对学生以后的升学和事业发展有没有帮助。于是体育课在很多学校就变得无足轻重，最多有个锦上添花的作用，而体育课就是锻炼身体，讲一些知识，教一些技能，在考试课程教学繁忙时，体育课程是可以随意让步的，体育的本质和全面发展的意义在人们的观念中消亡殆尽。人的需要，已经被物质需要、社会需要片面地取代了。学校和家长们更想看到一个成绩优异、聪明听话的好孩子，所以学生生活充满了题目、作业和考试，充满了各种补习班，唯独没有了人文和自由，生活失去了光辉和色彩。在人们的传统观念中，"玩"对于孩子而言并不是一件值得鼓励的事情，甚至是一件很不好的事情，"调皮贪玩""玩物丧志"等贬义词就是证明。在中国的学生当中一直流传着这句话："考，考，考，老师的法宝！分，分，分，学生的命根！"这句话要

---

[1] 牛利华. 论教育的"需要"之维 [J]. 当代教育科学，2004（15）：13-15.

是放在美国恐怕就要换成"乐，乐，乐，老师的功课！玩，玩，玩，学生的摇篮！"如此下去，我们的学生在这样封闭、被动的教育观念下，恐怕真的都要童心泯灭、失去自我了。

3. 感情需要过分服从理性需要的社会目的

总的来说，一个人之所以在生活过程中产生各种行为，要么基于主观的感性冲动，要么就基于客观的理性冲动。感性冲动和理性冲动是各自存在、相互独立的，中间有着不可逾越的鸿沟。而人作为一个复杂的生命体，可以用介于两者之间的所谓"游戏冲动"为桥梁协调两者关系，实现两者的调和与过渡而形成一个有机整体。席勒说过："只有游戏，才能使人在各种情况下实现双重性的统一，从而走向完美并持续发展。"[1]此处的席勒所指的游戏，是始终处于一种"愉快""完整"和"扩张"的自由状态。当前我们的体育课程由于感性冲动被压制，功利性的理性冲动占据了上风，人们总是将体育课和理性的社会目的捆绑在一起，将其对政治、经济、教育的服务不断强调和突出，消解着体育的感性初衷，也否定了游戏冲动在其中应发挥的作用，体育迷失了其本体价值。

"育人为本"是教育的主导思想。我国不断强调"教育的出发点是人"，也就意味着培育人才是教育核心和重点所在，也是教育真正魅力的体现，研究人、关注人、发展人是教育的头等大事。人有存在的意义，有自己的本能，有自己的发展需要，教育要解决的首要问题应该是人的问题而非其他。我们在实施教育活动时，不仅要把人放在社会中考量其价值，更要把人放在更广阔的自然、世界与天地之间，思考人的生命意义。体育课程作为人类文化的一个部分，它应该承担起自己对于人的使命与职责。失去了对人的本体价值的考量，也就等于放弃了"育人为本"的主导性，体育课程就失去了它的灵魂，成为一副仅以知识、技术为表现的躯壳，这既是人的悲哀，也是体育课程的悲哀。

---

[1] 于文杰. 艺术发生学[M]. 上海：上海人民出版社，1995：44.

二、 归因叩问：当前我国体育课程教学中存在问题的原因

所谓知其然，还要知其所以然。在对当前我国体育课程教学的现状和问题进行归纳后，我们还须将研究进一步深化，叩问这些情况出现和存在的源头，探究其背后的问题实质和理论归因。就像卢元镇教授说过的那样："对体育课程建设与改革的研究一定要上升到深层理论的高度，而且这些理论的研究必须要有自身的独立品性。"[1]湖南人文科技学院刘玉江教授在审视新中国成立以来我国体育课程改革发展的历程后，认为体育课程曾经出现过的三种主流价值观是导致当前我国体育课程存在问题的原因，分别是社会本位课程价值观、知识本位课程价值观和体质本位课程价值观[2]。据此我们可以将当前我国体育课程教学中存在问题的归因概括为以下几个方面：

（一）社会本位论——人的理念的缺失

一直以来，我们国家在对教育的理解上，都忽略了教育的生命意义，把教育当成国家富强、民族复兴、社会发展的始源力量和驱动工具，单单忘记了人的幸福。社会本位论的观点就是将社会置于人的个体之上，社会是根本、是核心，它的价值远比个人的价值要崇高和珍贵。"和社会利益相比，个人的利益是微不足道的，是完全可以为实现前者牺牲和放弃的。"[3]在解读马克思说的"人的本质并不是单个人所固有的抽象物，在其现实性上，它是一切社会关系的总和"这句话时，社会本位论者常以此为根据来证明自身观点的正确性和权威性，把马克思原本只是说明人对社会依赖性的本意进行了歪曲和误读。从而人就被社会完全地遮蔽，而教育目标的全部就变成了培养适应社会和为社会做贡献的人，体育课程也沦为社会的附庸和工具，人的生命价值无足轻重。这里需要强调，马克思的这句名言，并不是意图定义人的本质，而是为了反驳费尔巴哈对于人的本质的抽象化理解，强调人是现实的、具体的、社会的，要从社会关系的角度去认识人的本质，将社会性纳入人的本质进行研究，这是非常

---

[1] 卢元镇.学校体育改革必须向深层发展[J].学校体育，1989（1）：221.
[2] 刘玉江，新课程理念下大学体育课程价值取向研究[J]（手稿）.
[3] 杨超.现代德育人本论[M].广州：广东人民出版社，2005：71.

客观和正确的历史唯物主义观。梁漱溟说过："中国人好像从来都不存在个人意识，他们的眼里经常没有自己，都不是为了自己而活着的。西方人就刚好相反，他们往往都以自己为中心，崇尚个人主义。"[①]需要肯定，社会本位论将社会对人类的重要意义进行了论证和强调，却贬低了个体存在和发展的价值，也否认了个体发展对于社会总体、长远发展的促进效果，在社会这个庞然大物的遮蔽下，个人的光芒被全部掩盖，人仅仅只是社会这栋雄伟建筑的一块"砖头"、一块"瓦片"罢了。在社会总体利益面前，个人利益是无足轻重并且随时可以牺牲的，只要社会有需要，人应该无条件放弃自我而顺应社会的要求，将自己的命运捆绑在社会身上，沿着既定的轨道前进。如此一来，社会缺乏欣欣向荣、持续发展的动力和蓬勃的生命力，而个人发展也受到压制和拖累，自由和幸福被剥夺。

其实社会本位论在我国体育教育发展历史上一直存在着，这种长期的影响也是导致我国当前这种观念在人们普遍意识中仍根深蒂固的原因之一。我国近代史是一部充满屈辱的历史，西方列强对我国的欺凌压榨和步步紧逼，让国人们产生了亡国灭种的危机感，于是体育教育从这样的社会需求出发就以保国救民为自身的使命，就有了军国民主义的体育教育观和《奏定学堂章程》中体现尚武主义的兵式体操教学。新中国成立后，国穷民弱的现状促使体育被赋予改变社会现状的使命，为社会发展做贡献也就成了体育教育的方向。在那之后，在中国的政治风向和政治运动的影响下，体育课程又成了政治运动的主阵地。改革开放以来，物质主义价值观的兴起和蔓延，又使体育课程物质化、功利化、工具化、效益化，但本质上又是以社会经济发展为服务对象。体育课程无论是服务于政治、经济还是其他社会领域，都是社会本位论的典型体现。

（二）价值取向的偏差——人文的迷失

作为一项为了人、提升人、发展人的活动，体育的本质应该是面向生命、爱护生命、尊崇生命、优化生命的，因此，人本关怀应该从中得到强调和凸

[①] 梁漱溟. 中国文化要义[M]. 上海：学林出版社，1987：90—91.

显，使体育能够缓解压力、改善情绪、愉悦身心、消遣生活、塑造品格、培养情怀、放飞梦想、感受自由，还可以促进积极向上的社会交往，获得友情、他人的尊重与社会存在感，同时使人拥有强健的体质，最终获得高度的满足感和幸福感，达到"身心俱泰""天人合一"的境界。如此一来，人文才不会迷失在体育中，体育才能真正取得其应有的效果。就像顾拜旦所说的那样："作为除艺术、品德高尚的公民之外的古希腊文明的三大支柱之一，奥林匹克运动以其卓越的价值和内容，一直在尽善尽美地表达着对人的理性。"[1]

令人遗憾的是，当今的体育似乎很难达到这样的理想效果，尤其是当体育形成课程展现在人们面前时，体育变得学科化、知识化和物化，体育课程的教学过程变成了一个机械化的，缺乏人情味的认知活动；教育者们把自己认为学生应该学会的内容浓缩成一个个的知识点和技能点，再使用相应的方法传授给学生，最后用"达标"考试来评价学生学习效果。在这个过程中，人的核心素养得不到培育，人的个体发展的素质得不到养成，知、情、意、行、健同步发展的人文效果得不到显现，体育课程的价值取向产生了偏差，人文性相对缺失。尤其体现在以下三个方面：

1. 思想方法上的科学主义

科学主义（Scientism），在我国又叫作唯科学主义，是一种非常偏执的哲学思想。它同科学精神是不一样的。科学精神是人们在科学研究和实践过程中产生的信念与态度，而科学主义则是以唯科学论的观点，认为世间万物以科学为先，唯有科学才是万能的，它的重要性居于所有现实存在和意识存在之上。而科学主义的具体表现就是将科学狭隘地等同于自然科学，认为世间一切事物都是可以量化和测量的，是可以通过实验和监控用精细化的尺度来进行标注和评价的，科学研究所得出的知识和成果一定是有现实价值和长久意义的。在很多人眼里，科学（自然科学）一直主导着人类的发展，人类社会的存在和运行都是以自然法则为基础和依据，体育作为人类社会的一种现象和活动，当然也

---

[1] 任海. 奥林匹克运动[M]. 北京：人民体育出版社，1993：41.

不能例外，也应该用量化和精细化的方式来进行研究和评价。我们不能否认，从19世纪至今，自然科学的研究一日千里，硕果累累，为社会的全面发展立下了汗马功劳，而自然科学的研究方法也确有其值得称道之处。在这种情况下，人们逐渐认为，似乎自然科学的方法是放之四海而皆准的，是解决一切问题的"万应灵丹"，不管是自然科学还是社会科学，不管是人文科学还是教育科学，只要以自然科学的方法为指导，所有的研究过程都会一帆风顺，所有研究疑难都会迎刃而解，所有的研究成果都会呼之欲出。"不断吹嘘用科学方法来研究人文、社科等问题的优势和长处，同时宣称人类从此进入全面科学化的时代。"[①]当体育课程被打上科学主义的烙印，人们就开始用自然科学的方法论来研究和实施体育课程，使体育课程偏离了正确方向。科学主义在体育课程中一般体现在：

第一，体育课程变成"育体"为本，过分强调人的生物性。生物性确为人的本质之一，很多人却把其看成唯一，他们坚持体育就应该是身体的教育，体质的教育，这才是真正的体育，如果不能坚定地把握这一点，体育就会走向旁门左道。科学主义下的体育课程，就是要关注怎样锻炼和塑造人的身体，要以自然和生物的客观规律来努力塑造强健的体格，强调人体负荷量，讲究以运动负荷价值阈为指导，构建一个由多种体育课程锻炼模式组成的标准化系统，使"育体"目标完美实现。

第二，对体育课程的研究集中在科技层面和理性层面，人本内涵缺失。人们都习惯将体育课程知识化、逻辑化、科学化，运用精细化的科学研究过程与方法来剖析体育课程，使其变得严谨、理性、循规蹈矩。其知识体系条理清晰、逻辑严明，其教学流程按部就班，依轨而行，其评价指标一视同仁，毫无弹性，好似生产车间的流水线一般在"制器"，结果就使体育课程变得冷酷无情，毫无亲和力和活力，缺乏情感和人性的交融，体育课程"以人为本"也就无从谈起了。

---

① 毛亚庆. 论教育学理论建构的科学主义倾向[J]. 北京师范大学学报，1997（3）：35—39.

第三，追求短期效果的可见性被科学主义牵引而出，而人文主义则消失一空。体育课程被科学主义关进了囚笼，其覆盖的领域、内涵和方法越来越受到挤占和限制。同时，人们研究体育课程时，往往比较追求其立竿见影、直观鲜明、可评可考的即时或临时效果，而放弃追求那些潜移默化、春风化雨、润物无声般的长期而稳定的效果。于是，在具体研究时，就运用科学主义的方法将体育课程量化，用短效性思维审视体育课程，使体育课程在这种缺乏人文关怀的背景下，逐渐脱离了人，失落了人。

我们要承认的是，从古到今，科学为了人类社会的发展贡献了巨大的推动力量，创造了瞩目的辉煌成就，也为人类生活水平的提高提供了无尽的物质和财富。然而，科学的思想和方法也并不是放之四海而皆准的唯一普遍真理，尤其是在体育课程的建设与发展过程中，科学主义更是有一定偏颇性的。我们的体育课程，不等于"育体"，也不是"制器"，更不是谋短效，而是在育人，培育一个个完完整整的人。[1]

2. 价值观念上的功利主义

体育课程的价值观念，就是人们依据自身的需求而认定的体育课程所应该实现的意义和价值。这是体育课程改革的关键性问题，它从根本上制约着体育课程的未来发展方向。"我们的教育变得越来越功利化，这实在让人觉得沮丧。因为，由此会导致两个糟糕的后果：一是教育变成政治和经济的附庸，为了服务政治和经济存在，丧失了自身的独立和荣耀。二是教育变得惟知识和技术化，认为以后只有这些才能够带来实在利益，于是人就越来越被知识与技术所禁锢而不可自拔。"[2]

体育课程中的功利主义倾向在我国经常以各种方式表现出来，在体育课程的建设和改革进程中，各种类似口号和主张层出不穷，如"强身健体，保国安

---

[1] 杨叔子.是"育人"非"制器"——再谈人文教育的基础地位[J].河北科技大学学报，2000（1）：2—5，55.
[2] [英]汤因比，[日]池田大作.荀春生译.展望21世纪——汤因比与池田大作对话录[M].北京：国际文化出版公司，1985：60.

民""发展体育，复兴中华""加快体育课程改革，增进全民体质健康""发展竞技体育，立志为国争光""一切为了达标"等，这些都试图从某个功利的角度来说明体育课程的意义和价值。

我们一直都希望我们的学生能够好好学习，天天向上，但是学习的目的和追求在哪里？什么才叫有意义和有价值的学习？很多人总是坚持着错误的观念，为学而学，为前途而学，为财富而学，为国家而学，唯独不为自己的美好生命而学。"我国当前的基础教育，从指导思想到课程设置，从教材到内容，从过程到方法，处处都遍布着功利主义的气息，学生自己的天性和内心的向往普遍遭到扭曲，他们就像园艺师剪刀下的花草树木一般，被教育者根据功利性要求进行修剪，还美其名曰'为了孩子的将来'。"[1]"我们的每一节课，都凝聚着社会、学校、家长、老师以及学生自己的期盼和要求，社会期盼多培养优秀的社会建设人才，学校期盼培养出大量优秀学生以提升学校的社会美誉度，家长期盼自己的孩子以后能有个好前途，能够出人头地，老师期盼自己教的班平均分、达标率和升学率高，就可以多拿奖金，增加评定职称和评奖评优的资本，学生期盼自己考个好成绩，不辜负家长和老师的希望，升学进入好学校继续深造。"[2]于是，在这样的功利性的价值取向下，知识技术、社会价值凌驾于个人之上，人的自我追求被抛弃。

3. 教学内容上的技术主义

体育课程从古代发展到近代，有了一个明显的进步，就是融入了近代医学、生理学、人体解剖学等领域的优秀研究成果，形成了一套全面、系统、科学的课程教学框架。它以基本知识、基本技术和基本技能为主导，形成了"三基"的体育课程教学内容要求，学生有没有很好地掌握相应的体育知识，有没有训练出合格的技术和技能，是体育老师最为关心的问题。"三基"将重心放在理解知识、锻炼身体、训练技术等方面，教师也把注意力放在学生技术动作

---

[1] 萧雪慧. 教育：必要的乌托邦[M]. 福州：福建教育出版社，2001：2.
[2] 王育培. 从封闭走向开放——试论开放性课堂教学的构建[J]. 厦门教育学院学报，2001（4）：12-16.

的标准性和规范性程度上来。我国曾经全面学习苏联的教育教学模式，将竞技体育和体质教育作为体育课程的主要价值观，从而竞技运动的技术教育也就顺理成章成为体育课程的主要内容。在应试教育背景下，文化与科学画上了等号，人们普遍认为体育文化素养就是科学知识和技术的掌握，却忘记了灵魂与精神的培育。于是，教育者们就将技术主义贯穿于体育课程的内容教学当中，并将其作为衡量教学效果与学生学习效果的尺度和标杆。就像王小波提出的"知识诚为重要和可贵，但设若将其浓缩成药片灌输给学生，那也是对知识的一种亵渎。"还有一种错误的认识，就是将体育等同为体质教育，忽视其身心全面培育的功能，淡化体育课程的人文内涵、人格与精神的塑造和心灵与美的熏陶，使体育也就只为体质服务，存其形而弃其神，不再注重体育课程的人文精神和人的全面发展要求，从而体育课就成了各项体质与体能训练的综合，技术与技能的教导就变得举足轻重，技术主义也有了充分用武之地。事实上，我们不能把体育课程当作一个固定输出知识和技术的计算机程序[1]，它应该是灵活的、能动的、随机应变的。体育课是"人为的"，也是"为人的"，我们需要针对不同教育对象的个性情况，适时调整教学方法和技巧，因材施教。我们还应该要注重体育课对于人的精神和灵魂的塑造，而这一目标更加需要我们有鲜活灵动的教学思维、丰富多彩的教学内容和高明独到的教学方法。技术主义的非主体化技术教学模式，是不值得提倡和鼓励的。另外，如果学生在学习时感受到了充足的激情与活力，那他在之后会回馈给外界更多的激情与活力，因此，体育教师要真正将学生当成一个个有灵魂有思想有个性的生命个体，尊重每个生命的神圣与高贵，让孩子们感受到他们面对的体育课是生机勃勃、充满阳光和乐趣，能够真正让他们感受到幸福的活动，让他们从心灵深处真正接纳体育、认同体育并融入体育，为自己的成长和发展带来无限的生命力量。[2]

---

[1] 宣振海. 简论中国体育改革面临的若干文化问题[J]. 理论观察，2000（2）：55—57.
[2] 刘济良. 生命的沉思：生命教育理念解读[M]. 北京：中国社会科学出版社，2004（12）：68.

（三）形神相离——人的整体性的消解

体育课程应"育人为本"，很多人对此并无异议，但是，到底体育课程要提升或发展人的什么呢？肉体或者灵魂？外在还是内在？形体还是精神？这些问题都存在很多争议。人是一个复杂而充满矛盾的生命体，对其存在的形式绝不能片面地描述。随着医学、人类学、社会学以及哲学对人的研究的不断深入，当今时代下，将形体和精神分别作为二元独立实体存在进行研究的做法早就被摒弃，所以，人的整体性是毋庸置疑的，这才是对于人类本性的正确认识，一个完整的人，形体和精神应该是相互交融的，你中有我我中有你，绝不能把其中一个当作独立个体进行单独研究。而且人的任何行为和活动都是基于人的整体而对外界产生的反应，就算一个动作、一个表情都是如此，更何况是体育课程这样复杂、长期和多样的人类活动。所以，我们应该把体育课程正确地认识为针对人的整体性的教育活动，在这个整体内，任何把形体和精神进行割裂或者片面向一方倾斜的做法都是对体育课程以及人的整体性的亵渎。

人类对于身体与精神关系的研究，其实就是人类探索生命奥秘的一个过程，也是人类试图发掘人的自然属性与意识属性的起源、发展与相互关系的过程。在世界历史上，对于形神关系的主张，一共有四类：第一类是唯心主义，主张精神至上，身体由精神生发而成；第二类是唯物主义，主张身体至上，精神由身体生发而成；第三类是二元论，主张身体和精神分别有各自的形成本源，但两者存在密切联系和相互影响；第四类被称为本质二元论，主张身体与精神有共同的形成本源，两者本质上是一体的。[①]

在当今体育课程教学中，教育者们经常犯的错误就是，要么强调身体锻炼，指导学生不断运动、反复运动，为提升体质、体能服务，要么强调心理健康，一味讲故事、做游戏、增加娱乐性，为提升精神的愉悦和享受服务。然而，这些做法实质上都是在消解着人的整体性，将身体与精神的依存性完全割裂。实际上，体育课程是可以实现人的身体和心灵同步和谐发展的。范缜曾

---

① 马卫平.体育与人——学校体育的文化重构[D].长沙：湖南师范大学，2005：100

说："形者神之质，神者形之用。"毛泽东也曾指出："肢体纤小者举止轻浮，肤理缓弛者心意柔钝，身体之影响于心理也如是。体育之效，至于强筋骨，因而增知识，因而调感情，因而强意志。筋骨者，吾人之身；知识、感情、意志者，吾人之心。身心皆适，是谓俱泰。故夫体育非他，养乎吾生、乐乎吾心而已。"费埃斯认为："某个历史阶段中体育教育的目标和当时人们对于形神关系的看法是有密切关系的。如果当时流行唯心主义，身体教育就会被抛弃，体育就以修心修德为上，如果唯物主义占上风，体育课程就会突出身体锻炼。如果社会普遍认可身心统一论，则体育课程中人的身心发展都会被重视。"[1]

曾经有先哲这样说，我们的教育，就是要努力让孩子们从物化转为人化。这其中物化就是把人当没有思想没有感情的物品机械化对待，而人化则是把人当人，把学生作为活生生的生命去尊重、关怀和爱护。另外，我们要从文化的角度来整体培育人，不仅要在客观硬件如场地、设施设备和装潢设计等方面体现人文性，营造文化氛围，还要深入学生的心灵，从里到外培养其人文品性和核心素养。邴正教授曾经说过：人的整体性才是人的真正本质体现。这里的整体性有两个意思：第一就是人的精神和肉体相互交融，相互渗透，同时存在于这个世界上，两者缺一，人就不成其为人。第二就是人的存在是双重的，不能完全无视精神和肉体的区别而将其同质化，我们还是要承认其差别性和复合性。所以我们要进一步地承认，基于人的存在的复合性，人的行为也是复合的，人类所创建的所有也都是复合的。[2]体育课程当然也不能例外，体育课程培育的是完整的人，那就是说，我们的体育课程应该从完整的人的角度，综合化、系统化地培育学生，形神相合，真正让学生感受到完整的生命关怀。

---

[1] 邹玉铃.主体性体育及其课程观探论[D].南京：南京师范大学，2004：83.
[2] 邴正.当代人类发展与人学研究[J].学术月刊，1996（4）：11.

第四节 小结

我国历次体育课程改革的背后都有其根本动因和时代意义，和我国社会变革的发生、教育方针的更新、价值观念的变化是息息相关的。

通过对我国体育课程的教学现状进行探析和研究，我们发现其普遍存在着教学观念漠视生命本体、教学过程抹杀学生个性、以知识为本位的教学内容枯燥乏味、师生关系异化、课堂管理压抑学生自由、教学要素脱离现实生活等多方面的问题。我们对这些问题做进一步研究，找到其存在和发生的这样几个根源，其一是教育理念的原因，即社本主义理念下人本主义理念的缺失；二是教育价值取向的原因，即价值取向中人文的迷失；三是教育目标的原因，即以人为主体的课程目标偏移；四是教育客体的原因，表现在人的整体性的消解。

所以，在当前我国新的社会与教育大背景下，在人本关怀理念观照下的体育课程的革故鼎新势在必行。

第三章 改革：人本关怀下体育课程改革的"12345范式"

那么，怎样建立和践行体育课程改革的理论，建设人本关怀的体育课程呢？这是摆在体育课程教学与研究工作者面前的一项重要的历史使命。没有现成的路可走。

我们的观点是，要创建一个实现人的全面发展与满足社会发展需要辩证统一的体育课程改革的科学内涵，打造一门人本关怀的体育课程。

建设这样的理想课程，需要构建"12345范式"，即：一个主旨，两个统一，三个维度，四个层次，五个标准。这就是我们提出并力图构建的人本关怀体育课程建设的行动纲领或者叫作践行系统，如图三所示。

第一节 一个主旨：体育课程应以"人的全面发展"为终极价值目标

古往今来，学者们都不断试图用某种价值观念或者价值目标来加诸自己的教育行为之上，以引导教育行为最终能达成某种愿望和产生某些效果。"人类所有的社会行为，都是在意识或潜意识的作用下，为了实现某个特定目

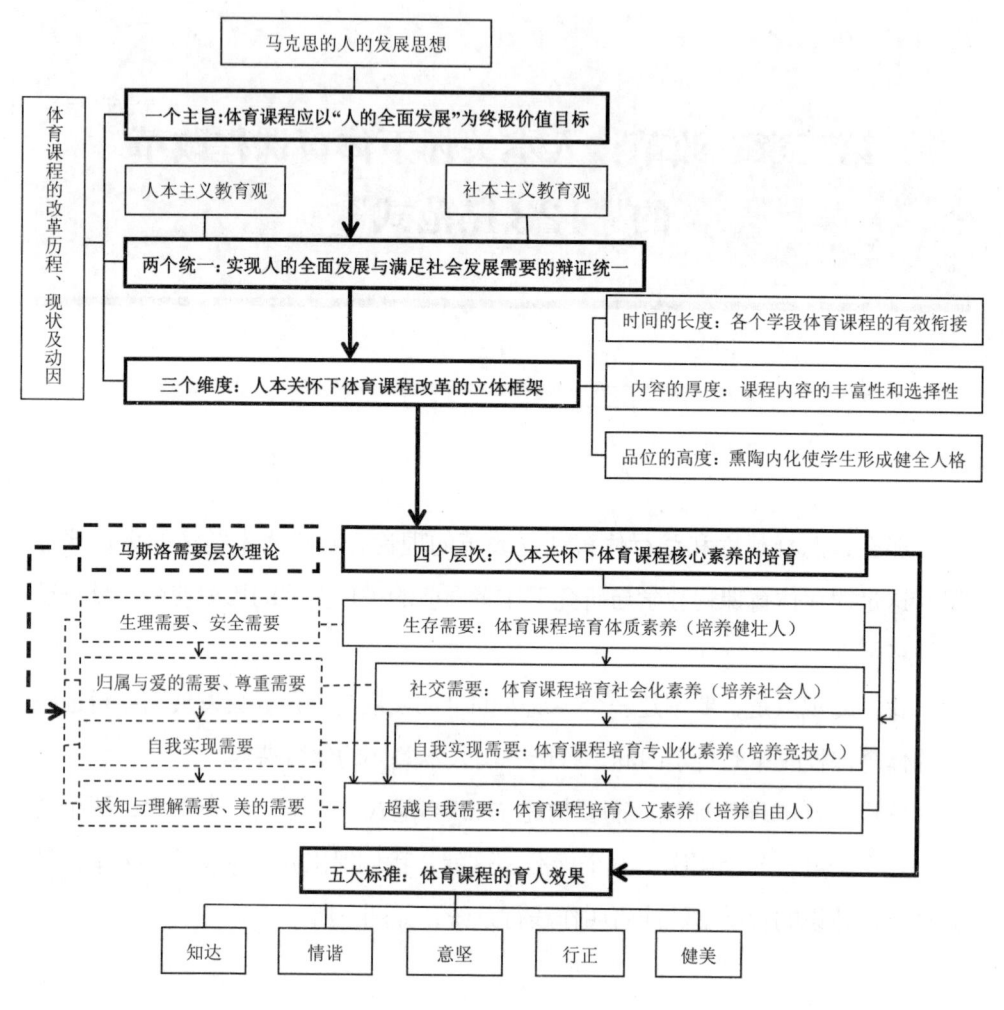

图三 "12345范式"的总体结构与逻辑关系示意图

的，产生的某些理智或非理智的行为过程，从而也就不会有毫无目的的社会行为。"[1]所以，我们当代教育也需要在马克思主义的引领下，确定一个恰当和理想的价值目标，让教育活动沿着一个正确的轨道运行。所谓教学价值，就是指在特定的历史与社会背景下，教学主体与满足教学主体某种需要的教学客体

---

[1] 恩格斯. 路德维希·费尔巴哈和德国古典哲学的终结. 马克思恩格斯选集（第4卷）[M]. 人民出版社，1964：247.

属性之间的一种关系。①这种教学价值应该是复合的和多层面的，必须要同时考虑社会、个人和教育本体的需要。

体育课程当然也是如此，它作为学校教育的重要一环，也必须融入人们的某种理想和信念，也就是说，必须确立属于体育课程的价值目标。体育课程是一种育人的教育活动，那么人的价值理性就是体育课程价值的关键所在。体育课程必须要发展人、成就人、完善人，也只有如此，人才能成为自己的主人，才能立足社会，奉献社会。因此，体育课程应以"人的全面发展"为终极价值目标。

人的全面发展思想是马克思主义的主体思想之一，他的理想就是所有人都能共同和谐自由发展。我们对马克思关于人的全面发展学说进行总体学习和研究，可以发现这个学说有两层含义：一是对共产主义社会中人的全面发展的理想描述，就是所有人都能够在生活、劳动、社交等领域实现个体素质和群体素质的和谐自由全面发展②，这是共产主义社会的本质要求。二是对资本主义社会中人的全面发展的现实描述，针对资本主义中劳动者体力或智力片面发展的现状，指每个人都能实现体力和智力的共同发展③，这是资本主义社会下人的发展的最低要求。马克思曾经指出："整个历史无非是人类本性的不断改变而已。"④人的全面发展本身也是在不断发展的，正如我们的社会也在不断发展一样，但终极目标，还应该达到马克思所说的理想层次。

苏霍姆林斯基曾说："从历史到将来，从没有也不会有教学脱离教育的情况出现。教育永远都是学校的天职，也就是培养学生的品性，我们的教学永远都从属于教育，绝不会也不应该让教学割断与教育的联系单独存在。"⑤当今我国素质教育正在如火如荼地进行，以此为契机，将人的全面发展作为体育

---

① 陈梦稀.教学价值辨析[J].湘潭大学学报（哲学社会科学版），2004（4）：157—159.
② 袁贵仁.马克思的人学思想[M].北京：北京师范大学出版社，1996：276，282.
③ 王焕勋.马克思教育思想研究[M].重庆：重庆出版社，1988：186—198.
④ 马克思，恩格斯.马克思恩格斯全集（第4卷）[M].北京：人民出版社，1964：174.
⑤ 苏霍姆林斯基.少年的教育和自我教育[M].姜励群等译.北京：北京出版社，1984：267.

课程的终极价值目标，这是基于马克思关于人的全面发展学说的正确选择。马克思曾经说过，教育其实应分为三个方面：一是智育，就是知识与科学的教育；二是体育，就是体育课程教给学生的那些内容；三是技术教育，就是劳动生产中的各种基本操作技术和运用技能的教育。①我们说教学要突出"人的全面发展"，除了要求教学的目标要指向学生自由、全面发展外，还有一层意思就是教学过程要突出"人的主体性"。我们的体育教学，要将学生置于主体地位，尊重学生的独立性和个体性，要更多地把主动权和主导权交到学生手上，从"要我学"变成"我要学"，在体育教师的引导下，他们不断了解、认知世界，掌握相应知识与技能，体会生命的价值与意义，形成高尚的品格和核心素养，实现身心自由和谐发展。

作为实现"人的全面发展"的重要途径和手段，体育课程必须是基于身体而超越身体的教学活动，这一点毋庸置疑。现实生活中，由于传统观念和现实性的影响，人们经常把语文、数学等应试课程摆在体育课程之前，这是非常不合理的做法。套用毛泽东"身体是革命的本钱"这句话，身体是全面发展的本钱，我们必须足够重视和关注。"体育并非天生有其缺陷，它的发展主要受制于总是被轻视。"②历年来我国颁布和出台的一系列与体育、体育教学、体育课程相关的规定、纲要、意见、法律、制度等，都体现了国家对于体育课程的重视，从政治的高度确立了学校教育中体育课程的重要地位，也肯定了体育课程在培育高素质的德、智、体全面发展人才中起到的关键作用。体育课程要将人的身与心的发展放在同等重要的位置。"身体是精神的基础，精神是身体的依赖，因此人的身心实际上是一元的。"③体育课程首先要使学生身体得到锻炼，体质得到强化，健康得到提升，生命得到保护和尊重，其次要使学生逐步拥有社会化人格，获得适应社会、融入社会的能力，再次还要使学生产生对成

---

① 马克思，恩格斯.马克思恩格斯全集（第16卷）[M].北京：人民出版社，1964：218.
② 联合国教科文组织国际教育发展委员会.学会生存：教育世界的今天和明天[M].北京：教育科学出版社，1996：97—98.
③ 邵伟德，胡建华，沈旭东.体育课程"身心教育一元论"原理构想[J].体育与科学，2010（2）：85—89.

就的欲望和追求，获得迈向成功的素质与能力，最后还要使学生拥有人文精神和审美素养，获得身心愉悦，享受美好生活。这就是体育课程以"人的全面发展"为终极价值目标的主要内容。

当然，我们也不能脱离社会来谈"人的全面发展"。毕竟，人有着社会性本质，社会也由人组成，同时体育课程本身也是一种社会行为，人的全面发展既是人自身要求也是社会的要求，所以，将人的全面发展问题和体育课程置于社会场域下进行探讨也是必要的。

第二节　两个统一：实现人的全面发展与满足社会发展需要的辩证统一

茫茫宇宙，多元时空，大千世界，芸芸众生，各种各样的思想观念，可谓五花八门，异彩纷呈。仅从哲学或者理论心理学的视角而言，人们的思想原理大抵可以分为三种：一是人本主义，即以人为本位的思想原理；二是自本主义，即以自然为本位的思想原理；三是社本主义，便是以社会为本位的思想原理。从一般意义上来说，在人们的认识世界，在人们的世界观、人生观、价值观和方法论等方面，社本主义与人本主义基本上形成了一对相对对立的哲学范畴。

一、人本主义教育观

人本主义教育观产生的源头是人本主义的学习观，自然人性论就是这种观念提出的依据。C.R.罗杰斯与A.H.马斯洛就是这种观念的典型代表人物。

人本主义教育观主要是将人放在教育的出发点和归宿，认为教育应该让学生学会知识和技能，提升自我，挖掘潜能，增加智慧，完善品行，最终趋于完美，感受生命的乐趣。人本主义教育观意图让人成为主体，讲究人的主动性和创造性，认为人都有自学和自我潜能开发的能力，提倡教育要注意人的主观学习动机，帮助挖掘人的潜能，满足人的本体需求，教育的目的也是为人的个体完善，而不应受制于其他社会性和功利性目标。罗杰斯就主张要摈弃"刺激——反应式的指导性教学"，提倡"以学生为中心"的教学[1]。

人本主义教育观还主张，人的自然属性是高于社会属性的，人各种言行的出现更多的由其自我意识决定，任何人都有自己的存在意义和生命价值，也都具备不断完善自身的本能。人们在此基础上，寻求教育的指引，是想整体性提升自我，而不是单单提升某一个方面而已。他们希望能够找到其个体的真正价值和独立理想。因此，教育应该是"成就人、关怀人"的。

研究认为，人本主义教育观有如下五种具体内涵：

（一）教育指导思想是"育人为本"

教育是人的活动，同时也是为人的活动，应该将培育人作为第一要旨，关注每个生命。首先需要明确每一个生命的独特，发现每个个体先天的特质和后天形成个性的行为、爱好[2]；其次要把学生看作一个个鲜活而美好的生命体加以关怀和尊重，运用有效的手段促进学生的全面健康成长。

（二）教育应创造有利条件激活学生的学习愿望和潜能

每个人都有与生俱来的学习愿望和潜能，而这些需要教育进行引导和挖掘使其表现出来。了解、认识和探索这个世界是每个人与生俱来的天性，但这种天性常常因为专制型教育制度的压抑而逐渐退化，同时，虽然每个人都有学习潜能，但也只有在适当的环境下才会被激发，因此，我们的教师要尽量创造良好的学习环境和条件，运用适当的手段，激活学生的学习愿望和潜能。

（三）课程的内容应从知识领域扩展到人文领域

要突破过去的课程知识框架，不拘泥于知识的传授，还要引入人文教育。所有可以提升精神和品性的人文内容都应纳入教育体系中，如社会法制、生命

---

[1] 梅尚筠.罗杰斯"非指导性教学"思想述评[J].徐州师范学院学报，1993（1）.
[2] 赵雅茜.新一轮基础教育课程改革的哲学追问[J].（手稿）.

伦理、精神信仰、艺术审美、情操陶冶等等。

（四）采用问题导向式教学模式

传统的平铺直叙式教学模式，已经被证明不符合学生的天性和认知规律，因为对于缺乏阅历和经历的青少年而言，他们不会自己意识到某项内容的学习对自己有何用处，而问题导向的教学模式就显示出其优越性。教学时先根据教学内容提出在学生实际生活中经常存在或遇到的某些问题，让他们在现实驱动下产生浓厚的讨论和学习兴趣，从而获得良好的学习效果。

（五）强调道德、观念的树立，促进学生全方位均衡发展

在应试教育体制下，智育成为教育的绝大部分内容，导致学生整体素质失衡，对成长造成非常不利的影响，也不可能成为对社会发展有用的高素质人才。人本主义教育观强调在教学过程中，不仅要传授学生知识，还要树立正确的道德观、世界观、人生观、价值观，使学生既能"做事"，也会"做人"。

二、社本主义教育观

什么是社本主义呢？顾名思义，社本主义就是以社会为本位来支配人们意识和行为的哲学思想。由于人们对"社会"的理解不完全相同，社会有时被作为人的群体，有时被赋予浓厚的政治内涵，所以对社本主义的诠释也就出现细微的差异。社本主义的基本要点，就是把人视为环境和教育的产物。认为人的本性就是社会性。

社本主义教育观是指在教育实践中以社会为出发点和归宿，以社会总体利益为主导，强调社会对于教育的影响。它将社会利益置于顶层地位，认为教育都是为社会服务的，教育最主要的使命是其社会使命。而人是从属于社会的，社会性是人的唯一本质。根据社会领域划分，社本主义又可表现为经济本位、政治本位、科技本位等。

社本主义教育观的主要代表人物是德国的凯兴斯泰纳、那笃普，法国的涂

尔干、孔德等人[①]。社本主义教育观主要表现在，教育中人应该从属于社会，社会发展才是根本，人只有通过社会才能显示出其价值和存在感，社会发展是人类发展的前提和表现。所以，教育最重要的是为社会培养人才，通过教育要让学生成为社会体制下的优秀公民，建设社会，改造社会，推动社会。这就是教育的最终目标。

作为社本主义教育观的典型代表，凯兴斯泰纳强烈反对学校以人为本位开展教育活动，认为这将会让学生都成为独立于社会的个体。他说："所有学校的唯一职责和所有教育的终极使命，就是培养有益于社会的公民。"他强调，人真正的个体性是从来都没有过的，每个人都是以社会公民的身份生活在世界上，这一点不会随着他们政治主张、个人理想、精神信仰的不同而有所改变。所以，教育应该分成三部分，知识教育、职业技能教育和道德教育。这是国家和社会的总体需要所决定的。

那笃普、涂尔干、孔德也持有类似的主张。如那笃普强调"在确定教学目标时，人作为教育的原始素材是没有价值的，也就更加不应该纳入教学目标中去"。"教育就是为了让每一个公民都顺利地社会化，从而整个社会和国家就会走向全面文明"。而涂尔干认为："为了让儿童对社会产生认知和认同这一基本要求得以实现，教育这种方式是必不可少的。"所以，"教育应该将社会意识和社会品性赋予受教育者，让他们的个人意识或私利思想在一旦出现时即被遏止。教育的唯一宗旨，就是强化和提升人的社会性，实现其社会价值"。他还说过："在人类的理想中，所有人自由全面发展，听起来是一件非常美好的事，而实际上是不可能的，每个人都应该用毕生的时间为实现某个社会目标贡献自己的力量。"

从本质上而言，社本主义教育观属于"外铄"的思想，实际上就是主张人从属于社会也归宿于社会，同时还要成就于社会。具体表现在：

[①] 王春玲. 个人本位论与社会本位论教育目的之比较[J]. 牡丹江教育学院学报. 2012（2）：61-63.

（一）强调教育的社会意义

社本主义教育观立足于社会的角度，剖析教育的本质特征。它强调社会至高无上的地位，视教育为实现社会利益的手段和工具。于是就以人的社会身份和社会使命为依据，对教育的方向和内容做了明确的规划。如此一来，教育的社会价值和社会意义被全面凸显，为社会发展服务成为教育的唯一追求。

（二）强调人的社会使命

社本主义教育观非常强调人的社会使命，认为一个人既然生活在社会中，就应该承担起自己的使命和义务，在社会的某一个方面贡献自己的心力，而教育就是为了让人能很好地完成这样的使命和义务而存在的。

社本主义教育观将社会发展需求置于重要的位置进行考量，从社会的角度指出了人才培养的目标与方向，凸显了教育的社会意义，这是值得肯定和赞同的。然而，我们也不能忽视其中存在的问题和缺陷。它过于突出社会而忽略了人的个体存在，完全将社会发展需求掩盖了人的发展需求，无视社会和人的相互依赖性，导致教育实践中人的物化，人本关怀和追求自由幸福的权利被剥夺，这种过于极端的观念显然也是不能全盘肯定的。

三、实现人的全面发展与满足社会发展需要的辩证统一——当代体育课程建设理念

在体育教育的思想内涵和内容体系上，社本主义通常有这样的体认，认为人是环境和教育的产物，认为体育教育的根本目的就是为社会需要培养人，未来的年轻一代就是体育课程为社会的需要训练出来的。

这种观点的偏颇性显而易见。

社本主义教育观认为，"环境"实际上就是社会环境，教育是从属于社会的一种行为和现象，甚至是一个工具。因而，把人看作环境与教育的产物的思想，就是将社会置于最高点、最核心，是一切的源头，人则是其产物、是枝叶、是地位卑微的奴隶。

马克思也对此思想进行过抨击：社本主义宣称因为环境和教育造就了人，

所以，环境和教育的变化也会导致所造就的人变化，然而，他们忽视了一点，那就是人也在影响和造就环境，教育同样也如此，"作为教育者的人曾经也是受教育的人"①。因此，简单将社会与人的关系描述为到底是鸡生蛋还是蛋生鸡的关系本身就是个伪命题，会出现这样的结论其实就因为本身思维方式有问题②。

人本关怀下和社会学观照下的体育课程建设不能这样。它的科学内涵的建构，应当运用辩证唯物主义的认识论和方法论，恰当地实现社会需要与人本关怀的高度融合，也就是实现人的全面发展与满足社会发展需要、健壮体格与健美人格的辩证统一。

人们认为，教育的核心是人的社会化，是让人脱离动物性，从一个生物人转变成一个社会人，让人通过社会文化的内化和角色知识的学习，成为一个有理想、有道德、有文化、有纪律，与社会和谐相处，对自己，对家人，对团队，对社会有价值的人。同时，在满足社会需要的基础上，力求自由的释放，个性的发展，最大限度地实现个人的价值，享受个人的快乐、成就与幸福。体育课程作为学校教育中体育教育的一部分，理所当然地也就承担起了一部分促使人社会化的使命。从社会体育结构的角度，体育课程就是要使人变得具有社会性，它的本质就是体育角色的承担与体认。让人在体育课程的学习与锻炼下，能够正确寻找和确定自己在社会中的位置和自己将要扮演的角色，从中明确社会对于自己这个个体人的要求和自己所应担当的责任，并使自己具备贡献社会的配套知识和能力。不仅如此，还要在这个过程中，使自己在身体与心理两个方面经历认知与体验，咀嚼失败与成功，收获智慧与情感，体魄经受摔打而变得健壮，个性得到磨砺与成长。例如，乒乓球、羽毛球、网球等小球运动能训练人冷静思考、临危不惧的心理素质，提高人的快速应变能力；而足球、篮球、排球等集体运动项目要正确认识个人与集体的关系，要有与人默契合作

---

① 马列著作选读（哲学卷）[M]. 北京：人民出版社. 1988：4.
② 张楚廷教育文集（第14卷）[M]. 长沙：湖南人民出版社，2012：626.

的团队意识；长跑、登山等运动则培养人的坚强意志力，耐得住疲劳与枯燥；摔跤与拳击等则需要正确对待伤痛与失败给人带来的苦痛，锻炼人的心理承受能力。这就是，在适应社会需要的过程中，同时也磨炼、发展与成就了自我。这从一个侧面也反映了社会互构论的基本思想："以社会互构论的观点而言，人类存在的二元性实际上就是指人与社会相互依存、紧密结合，并时刻发生着千丝万缕的联系：个人为社会的最小组成单位，社会为个人的有序结合形式，从共同体的构成而言，它是众多的个人，从众多个人之间的关系上看，它就是社会。人类生活共同体的发展就是个人与社会的互构关系的演变过程。"[1]这就是说，任何个人既是他自己的同时，也是社会的产物。美国社会学家萨金特（Stephen Stansfeld Sargent）就是将角色与社会化联系起来的代表人物。

第三节 三个维度：人本关怀下体育课程改革的立体框架

在把握了体育课程改革以"人的全面发展"为终极价值目标和以实现人的全面发展与满足社会发展需要的辩证统一为建设理念后，我们接下来应该要具体构建改革的框架了。那么这个改革框架应该从何处入手进行构建呢？

我们认为，首先，要从体育课程与教学的内容和形式着手，要把课程时段衔接、课程内容选择与课程品位提升这三个方面，看作是体育课程"时长""容厚""品高"的三个维度，综合考量，整体设计，把这三个维度有机地结合起来，构建起人本关怀下的体育课程改革所依托的立体框架，如图四所示。

---

[1] 郑杭生，杨敏.社会互构论：世界眼光下的中国特色社会学理论的新探索——当代中国"个人与社会关系研究"[M].北京：中国人民大学出版社，2010：121.

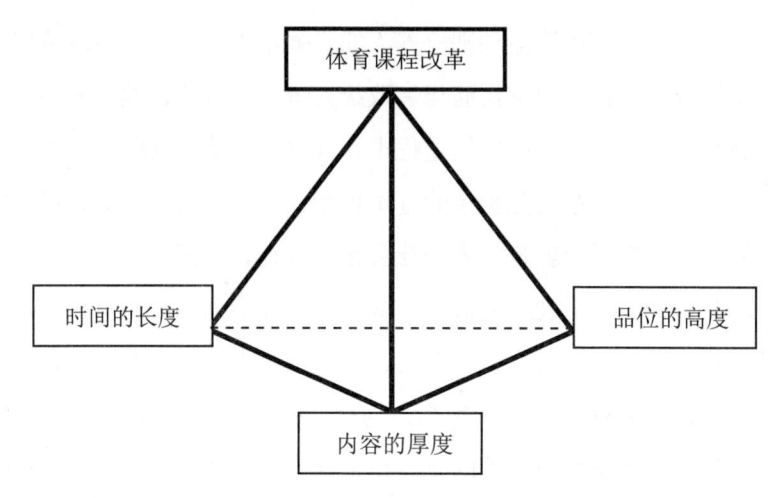

图四　三个维度：人本关怀下的体育课程改革的立体框架

一、体育课程时间的长度——各个学段体育课程的有效衔接

所谓全面发展，并不是说各方面齐头并进，同步发展，也应根据学生的身心成长规律和认知规律进行合理分层分段。当前我国的小、中、大学体育课程在改革方面的研究和实践都停留在各自为政的状态，很少有人将各学段看作统一连贯的过程进行宏观性的审思，也很少有人以发展的眼光，根据各年龄层次学生的身心发展规律来对教学体系进行系统性的安排，就像俗话说的"各人自扫门前雪，莫管他人瓦上霜"。如此一来，必然导致一些项目和内容在小、中、大学体育课堂上反复学习和训练。正如之前说的，从小到大一滚到底，一蹲到底。16年下来，学生觉得枯燥无味，对体育课完全丧失了兴趣，而体育课也完全达不到应有的效果。我们应该好好正视这个问题，特别是在当前总的教育改革形势下，如果放任这种项目内容和教学方式简单重复的情况而不加以改善，将严重影响体育课程改革的效率和进程，同时也会严重制约体育课程的人才培养效果。

我们可以从《中华人民共和国体育法》和《全民健身计划纲要》中非常明确地体会到，中国已经将体育的全民普及以及全面提升人民身体素质放在了首要地位。在此背景下，体育课程更加要关心学生的体育兴趣开发、运动技能和生活技能的培养以及心理健康和人格社会化的养成。要达到这一效果，我们就必须遵循学生的生长发育以及心理成长的客观规律，完善周密地打造一个各学段体育课程衔接的整体性体育教学体系，由浅入深，逐层递进，承前启后，适度提升。终身体育要求教育者在学生处于儿童及青少年阶段时就在身心素质、兴趣爱好和知识方法上让他们奠定一个良好的基础，才有可能使他们在以后的生命中形成习惯，养成持续进行自我学习和锻炼的意识和能力，从而真正实现体育的全民普及和人民身体素质的持续、全面提升，如此效果只靠体育课程是不行的，必须要做好各项准备工作。体育课程关注身体而不拘泥于身体，应传授给学生更多的是意识和方法，正所谓"授人以鱼不如授人以渔"，有了意识和方法，才能获得健康愉悦、身心快乐的资本。所以，各学段体育课程应将这样的观念融入进去，在意识和方法的统领下将核心素养的内容有层次有递进地贯穿于学生学习生涯的所有体育课程当中，真正实现人的全面、终身、连续、自由发展。

（一）小学体育课程的一维观——培养兴趣

在当下，很多小学所开设的体育课程都相当无趣和乏味，课堂并未显现出其吸引人之处。一些学者就主张以游戏替代原来的小学体育课程项目，一切都以学生的开心愉快为目的，这种观点失之偏颇。我们主张小学体育课程要以培养兴趣为主，不是对以往体育课程内容的全盘否定，而是强调观念和形式要转变。很多项目在对小学生身心的启蒙性和开发性方面是游戏力所不及的。教育家前川峰雄通过自己长时间的调查发现，小、初、高学生在体育课程的爱好和表现方面有着相当大的差异，应该区别对待。其中小学生更多地表现为好动、贪玩、胜负意识强，喜欢效仿他人。因此，我们不必也不能完全将体育课程内容游戏化，却可以将一些体育训练或者竞技项目进行改良，例如趣味体育运动、体育动作模仿表演等，让他们对体育的兴趣逐渐浓厚，感受到体育是一件快乐的事。另外还可以在高年级进行一些团体性的体育比赛和精细化的训练，感受到身处团队的乐趣和运动的成就感。

（二）中学体育课程的二维观——技能学习和心理引导

进入中学，学生的身体发育进入旺盛期，各项生理机能不断提升和走向成熟，心理和意识也会随之产生明显变化，体育运动能力的性别差异不断扩大，其思想和情感日益丰富，人生观、世界观、价值观以及胜负观也不断形成且开始异化。面向这个年龄段的孩子们，体育课程内容应该更多地加入一些标准的体育技能和竞技项目的训练，同时进行一定的身姿仪态和动作的学习，在知识方面新增部分身体活动规律、日常保健、身体护理、饮食和运动养生、生理卫生、医学急救及其他生活常识的内容，另外进行一定的性教育。尤其对于高中生来说，他们身心特征的分化已经基本定型，此时更加要注重分别面向男女生进行不同的身体及运动项目训练，同时还要关注他们在成长过程中可能出现的心理健康问题，并及时进行有效疏导和排解，引导他们精神和心理的和谐成长。学校还可以根据自身情况和资源适当增加一些相对新兴和流行的体育课程项目，迎合青少年追求时髦的心理，更有效地提升体育课程的教学效果。

（三）大学体育课程的三维观——身体、心理和社会适应

对于大学生而言，青春期虽然基本上结束，但身体机能和体能还在继续发育和提升，而且心理上也并没有完全定型，他们可能仍然有着从孩子过渡到成人的矛盾心态，他们可能渴望长大又不愿长大，喜欢团体生活又内心向往独处。因此，大学体育课程就应该针对学生的这些特征进行设计，在尊重个性和兴趣的前提下，继续对学生进行身体、技能教育，适当添加较高级的人体知识如大脑、四肢、内脏、肌肉、骨骼乃至中医穴位等人体工程学和医学的知识，也要继续关注和培养学生的心理健康、抗压能力和自我调适能力，还要引入更多的社会元素，如社会道德、体育竞技规则、人际交往、团队合作、突发事件应变、灾难逃生与自救、独立生存及户外拓展训练等，还可以开展一些体育竞技比赛，让他们在这些项目的学习和参与过程中锻炼出良好的社会适应能力。

另外，体育课开设时长的问题也应引起足够重视。教育部基础教育质量监测中心对15个省（直辖市）的129个县（市、区）四年级和八年级的体育课时和课外体育活动时间监测显示，中小学体育课时不足率四年级为56.5%，八年级达到了76%，31.6%的四年级和83.5%的八年级不组织学生课外体育活动。而四年级语文课时超标率为63.6%，数学课时超标率达到了80.5%。八年级物理、数学课时数超标率最高，分别达到了95.9%和80.7%。2010年全国学生体质与健康调研结果显示：小学三年级至初中每周上满三节体育课的学校仅为29%；能够落实学生每天一小时体育锻炼时间的中小学校平均只有21.95%，高中学校仅12.47%。中央电视台《焦点访谈》栏目记者对部分省、市的调查发现，能真正落实中小学生每天一小时校园体育活动的学校仅占两成。[1]

《切实保证中小学生每天一小时校园体育活动的规定》从六个方面对保证中小学生每天一小时体育活动提出了具体要求：一是严格执行国家关于保证中小学生每天一小时校园体育活动规定；二是建立保证中小学生每天一小时校园体育活动的有效工作机制；三是健全学校体育专项督导制度，对学校开展一小时体育活动情况进行定期督导检查和随机抽查；四是建立保证中小学生每天一小时校园体育活动的社会监督机制；五是建立保证中小学生每天一小时校园体育活动的科学评价机制；六是建立保证中小学生每天一小时校园体育活动表彰奖励和问责制度。要按照国家的要求，保证小学1—2年级每周4课时、小学3—6年级和初中每周3课时、高中每周2课时的体育课。没有体育课的当天，学校必须在下午课后组织学生进行一小时集体体育锻炼；每天上午统一安排25～30分钟的大课间体育活动。[2]

二、体育课程内容的厚度——课程内容的丰富性和选择性

体育课程内容是在体育课程目标指导下，有针对性地对体育的知识、技能和训练项目进行合理的鉴别、取舍而最终确立的信息体系。它是实现教学目标

---

[1] 李艳翎. "转型期我国学校体育改革面临的问题"讲座PPT.
[2] 同上.

的主体和关键，也是对教学目标的全面映射。正因为人本关怀下的体育课程目标应该脱离单一化而走向复合化，所以体育课程内容也应该增强其丰富性和选择性。过去，我们的体育课程在单一化目标的限制下，内容过于贫乏和呆板，简单重复的身体活动与单调的竞技项目就是全部的体育课程内容，学生毫无激情，更谈不上快乐和核心素养培育，这显然是与人的全面发展主旨相冲突的，也大大消弭了体育课程的育人效果及其存在的价值。

因此，对体育课程内容厚度的改革，要充分结合新形势、新观念的要求，使体育课程内容更加多样化和全面化，将体质教育与生命教育、健康教育、素质教育、快乐体育、终生体育的内容进行归纳和提炼，最终融为一体，形成一个完善的内容体系。体育课程内容不能再像以往一样仅仅只有田径、体操、球类、武术等千篇一律的标准活动与竞技内容，要更灵活多元，有个性有特色，立足于学生的全面发展而有针对性地设置。要尊重和重视学生对于体育课程的个性化要求和期待，以多样可选的内容面向不同学生，使他们都能获得全面有效的锻炼和提升。学校也应该因地制宜，因时制宜，因人而异，因条件而异，添加地方和适合本校的特色性体育课程内容，使体育课程真正实现百花齐放，欣欣向荣。

虽然体育课程的育人目标非常全面，但在实施时，特别是在设置体育课程内容时，还是可能发生对立和相互抵触的情况。所以，我们必须要对体育课程的内容进行总体筛选，从大局着眼进行合理取舍，使课程结构更加科学和有机。体育课程的内容要充分考虑课程实用性、生活性、趣味性、正能量性的综合，要让学生在课堂上欢声笑语、活力四射、积极向上、青春飞扬，在健康快乐中得到充分学习、锻炼和成长，在不知不觉中不断趋于完善。根据这样的思路可以把体育课程内容分成四个模块（见表3），各模块之间既有阶段性又有内部联系，由此组成一个科学合理且体现育人为本的教学体系，多角度共同塑造一个完整的人。

表3 学校体育课程模块结构

体育与健身	体育与生活	体育与竞技	体育与心理
体育健身的科学基础	生活环境与健康	运动训练与竞赛基础知识	体育情感、价值与态度
饮食营养与健康	生活方式与健康	竞赛观赏与体育审视	情绪调控与体育
传统保健养生方法	野外活动技能	竞技运动项目介绍	心理障碍的消除与预防
科学锻炼身体方法	自我保健与疾病预防	奥林匹克运动与体育	体育教育中的真善美

总而言之，人本关怀下体育课程的改革要显示出其突出的育人效果，必须以学生愿意且乐于接受为前提，我们的体育课程内容设计应时刻把这一点放在心上，既要把握知识与技能又要关心其身心健康，还要针对学生的成长规律和身心发育情况注意内容的由浅入深，循序渐进，时刻注意增强和保持其学习乐趣和积极性。我们的体育教师要真正放下自己的身段，走进学生的精神世界，了解他们真正需要什么，渴望什么，从而赋予自己的体育课程以独特魅力和吸引力。

三、 体育课程品位的高度——熏陶内化使学生形成健全人格

教育是使人成为人的一门学问，体育课程不外如是。要使人成为人，就必须要让学生拥有健全的人格。人格具有内隐性，但又时刻会以行为的方式表现出来，而表现出来以后达到的客观效果又会反过来缓慢地影响人格，因此，人格虽在短时期内是静态的，但在长时间看又是动态的。人格包括性格、意志、情感、心态、品德、集体意识和竞争意识等方方面面。人格的形成因素很多，既有基因遗传的原因，又被后天教育、感情、阅历等因素不断影响。我们体育课程在其中就有着义不容辞的责任。体育课程改革的一个重要维度，就是要提高体育课程的品位，使体育课程摆脱以往在人们心目中固有的身体一元的、可有可无的低级印象。体育课程既然以人的全面发展为主旨，就应该在身体教育的基础上补充人格教育，通过熏陶内化使人的发展更加协调和均衡，最终在知、情、意、行、健五个方面达到齐头并进的效果，学生核心素养得到整体提

高。体育课程多元教育合一的可能性决定了它必须要肩负起这个使命，也唯有它能够完成这一使命。

我们的体育课程有着众多的户外锻炼项目，这对于人的意志力培养无疑有着很好的效果。冬天朔风凛冽、天凝地闭，夏天赤日炎炎、暑气蒸人，在这种条件下，如果学生能够养成经常锻炼的习惯，无疑是对耐受逆境、坚忍顽强意志的最好培养。另外，不管是哪一种体育运动，应该都不是轻而易举不费任何心力就可以随意完成的，学生一般都要面对和解决各种问题和困难，其身心也都担负着相当的压力，在竞技比赛时，在自身求胜的欲望和争取团体荣誉的动力驱使下，学生也必须要全力以赴，这些过程能帮助他们树立勇往直前、永不言弃、奋力拼搏的精神。同时，每取得一次成就，每获得一次胜利，都会让学生产生欣喜愉快的感受，能够让他们更加肯定和认同自己。像武术、太极这样的运动，能够磨炼人的性子，使人的心理更加稳定，不骄不躁，不慌不忙，保持平稳淡然的心态，遇事不退缩也不冒进，性格变得成熟稳重。从以上分析我们看到，体育课程对于人的意志力的培养确实有其突出的效果，一般来说，时常进行体育锻炼的人比其他人在心理、心态、自尊、自信、意志、情商等方面都更加成熟。因此，我们应该更好地利用体育课程，磨炼学生的意志和品性，让他们不仅身体强健，还有强大的心理。

在体育课程的很多竞技比赛中，学生不仅能体验到夺取第一的成就感，更会经常感受到比赛成绩不佳的失落感，这样的经历能让学生逐渐提高坦然面对失败和人生低谷的心理承受能力以及调整心态、重整旗鼓、东山再起的勇气，让他们明白人的一生不可能一帆风顺，也会经历各种不如意和挫折，这些都是可以通过以后的努力扭转的。还有，我们的学生总有一天要走向社会，当他们从单纯、舒适、充满善意的校园环境突然迈进复杂、多变且充满压力的社会环境中，肯定会产生诸多的不适应，甚至消极、害怕、烦躁不安、自信心退化，如果有了体育课程的人格培养做基础，那么，当他们面对这一切时就可以迅速调整好心态，自我平复负面情绪，还懂得用运动的方式将社会压力和不良感受释放出来，以乐观豁达、积极向上的心态面对社会上的所有机遇和挑战。

体育课程还可以有效促进青少年人格的社会化。体育课程的内容与训练项目有一部分不用进行团队合作，单个学生就可以独立开展，这个过程仅仅就是个人身心的锻炼而已，基本上没有促进社会化的作用。然而，体育课程仍然有相当一部分运动项目和竞技项目是必须以团队方式共同开展的，在这个过程中，团队以整体的形式进行活动，每个人都要在这个团队中找到自己的角色并且有效发挥自己的作用，才能使团队显示出其价值和存在意义，也才能让团队获得战斗力。所以，在这个时候，配合、协调、服从以及自我牺牲就显得尤为重要，是所在团队能够获得好成绩的关键。特别是球类竞技如篮球比赛，非常讲求团队观念，大小前锋、中锋、控球及得分后卫各司其职，又要充分配合，忌讳个人英雄主义。所以，体育课程更要注重让学生在这样的团体性运动项目和比赛中养成大局意识和合作意识，将自己视为团队整体的一员，保证集体的利益最大化。这样的品格能为学生在进入社会后带来巨大的就业竞争力和强大的社会适应能力，是实现人生事业成功的重要资本，因为当今社会就是一个讲究分工、讲究合作、讲究集体意识的社会，每个人都应在单位和社会中明确自己的位置，发挥自身优势，与他人一起共同促进集体的发展，而集体的发展，反过来也会促进自己的人生事业走向成功。我们的体育课程既然讲究实现人的全面发展与满足社会发展需要的辩证统一，就要让学生在体育课程中养成这一珍贵品质。同时，当今就业形势日益严峻，企业在录用员工时甚至把集体意识放在高于职业能力的地位进行考量，也把集体意识提升到企业文化的高度来教育和影响自己的员工，一个公司有没有这样的集体观氛围，直接关系到企业的成败存亡。

另外，我们知道当今的社会是竞争的社会，作为一个社会人不仅要有竞争能力，还要有竞争意识，而体育课程中的竞技项目就很有这方面的价值，它能够使学生增强不甘平庸、永争上游的斗志，不论客观环境优劣，努力做到最好。所以，我们的体育课程也要注重学生竞争意识的培养，让他们以后在社会中崭露头角、脱颖而出。

第四节 四个层次：人本关怀下体育课程核心素养的培育

2014年3月，教育部颁布《关于全面深化课程改革落实立德树人根本任务的意见》[1]，其中特别提到要构建教育教学的核心素养体系，致力于培育学生的核心素养，这是十八大提出的社会主义核心价值观在教育工作中的延伸与发展。核心素养包含了学生个体发展与社会发展的所有必备品格和关键能力，它的提出与实施是我国全面推行素质教育的一个重大跨越。学科核心素养是学生发展核心素养在学科中的具体化，是学科育人价值的集中体现，是学生学习该门学科后所形成的能力和品格，是对学科价值的根本认识。

什么是核心素养？核心素养同平常我们所说的学识、能力、本领有何区别？杭州师范大学张华教授指出，核心素养并非某个行业、某个领域、某种人群所需要的学科型素养，它是一种广泛的、共有的、面向所有领域和人群的普适性素养，所以才定义为"核心"。一个人生存在世界上，并作为社会的一分子，无论是个体发展还是社会发展，对于素养的要求是多种多样、五花八门的，总体而言，这些素养既包括核心素养也包括其他学科型素养，而最首要的、最基础的、最根本的，也最具决定性的素养就是"核心素养"[2]。北京师范大学刘恩山教授强调说："核心素养超脱出了具体的行业、领域、学科，对于各行各业都有非常有效的促进意义，也对人的基础性发展和终身发展都会起到决定性的作用。例如核心素养中的语言素养，它已经超脱了语言学或者语文课程的范畴，更多地表现为一个人正确有效地运用语言完整准确地表达内心想法，得心应手地进行语言沟通，有艺术性有技巧性地进行人际交流，这不仅仅包括学识、能力或者本领的要求，更多还依靠人的内涵和底蕴。"[3]我们认为，核心素养不仅包含着认知水平、技术能力、自我学习、分析总结、研究处

---

[1] 中华人民共和国教育部. 关于全面深化课程改革 落实立德树人根本任务的意见. 2014.3
[2] 施久铭. 核心素养：为了培养"全面发展的人" [J]. 人民教育，2014（10）：13–15.
[3] 同上.

理、归纳演绎等"智商素养",还包括思想品德、情感表达、品性塑造、社会交往、审美意识等"情商素养"。同时,素养相较于学识和能力而言,其内涵更加深入,学识与能力主要体现于人的实践表现上,而素养往往都需要将以上这些内化入人的灵魂深处,体现一个人的综合内涵,比如从道德上来讲,我们当今的教育不仅要让学生做道德的事,还要让他们成为道德的人。如果我们不能端正这个态度,教育就会停留在"头痛医头、脚痛医脚"的浅显层面,认为学生缺乏学识就关注知识教育,认为学生缺乏能力就关注能力的训练,这是非常偏颇而不科学的,而核心素养培育的全面包容和内化品性就能够在根本上解决这一问题。如果我们能在教育中注重核心素养的培育,就不会再重蹈以往教育只教知识、脱离实际、遗忘人性的覆辙。另外,核心素养不是与生俱来的,也不是天然形成的,它需要教育者对学生的主观引导和主动培育,这种培育有着非常强的时间性。福建师范大学的余文森教授通过深入的理论与实践研究,曾鲜明地指出:"就像树木在萌芽和成长阶段更加需要我们悉心照料一样,学生在青少年阶段是培育核心素养的黄金时期,核心素养作为人的终身发展的基础,很大程度上制约着一个人未来发展的程度和高度,一旦没有把握好这个黄金时期,就很可能为时已晚。"[1]

体育课程核心素养是学生发展核心素养的重要组成部分,是学生在体育课程学习过程中形成的基本知识、技能、方法和情感、态度、价值观等的综合表现,集中反映了体育学科的特性以及学生所具有的重要品质和关键能力。所以,体育课程的根本任务,就是全面培育学生的核心素养。

我们认为,体育课程核心素养的培育是一个循序渐进的过程,这个循序渐进,不仅体现在针对学生不同的年龄阶段,体育课程核心素养有着不同的发展侧重点,也体现在体育课程核心素养本身所包含的层次上。我们可以根据人的成长规律为学生的发展假设一个人才培养的梯度或者脉络。这个学生全面发展的人才培养梯度或脉络的科学假设可以是:健壮人—社会人—竞技人—自由

---

[1] 施久铭. 核心素养:为了培养"全面发展的人"[J]. 人民教育,2014(10):13–15.

人。马斯洛需要层次理论认为，人的需要从低级到高级逐层排列，分别为生理需要、安全需要、归属与爱的需要、尊重需要、自我实现需要、求知与理解的需要和美的需要[①]。人本关怀下的体育课程既然要以"人的全面发展"为主旨，就可以借鉴"人本主义心理学之父"马斯洛的需要层次理论，并以此为依据。首先，体育课程人才培养的第一个层次，就是要把"自然人"培养成既能够通过运动技能的强化满足自身生存、生活需要，又能够通过认知和行为保障以及改善自身健康，同时还拥有对生命和生活正确认识与感受、充满敬畏的情感的"健壮人"，对应于马斯洛需要层次理论的基础需要"生理需要"和"安全需要"，我们把其统称为生存需要。而这一层次就需要我们注重学生体质素养的培育。其次，体育课程人才培养的第二个层次，就是要把"健壮人"培养成能够很好地融入社会、适应社会，并通过自身的行为积极影响社会的"社会人"。对应于马斯洛需要层次理论的中级需要"归属与爱的需要"和"尊重需要"，我们把其统称为社交需要。而这就需要我们注重学生社会化素养的培育。再次，体育课程人才培养的第三个层次，就是要把"社会人"培养成体质强健、精力充沛、体格完美的，有专门的项目竞技能力和意志，能够建功立业，实现自身的价值和使命，取得竞技胜利走向人生成功的"竞技人"，对应于马斯洛需要层次理论的高级需要"自我实现需要"。而这就需要我们注重学生专业化素养的培育。最后，体育课程人才培养的第四个层次，就是要在以上三个层次素养培育的基础上，最终培养出品位高尚、行为理智，具有高尚体育道德情操、审美意趣和人文品格，自然率真、身心自由和谐发展的"自由人"。对应于马斯洛需要层次理论的最高需要"求知与理解的需要"和"美的需要"，我们把其统称为超越自我需要。而这就需要我们注重学生人文素养的培育。

因此，我们将体育课程培育的核心素养细化为体质素养、社会化素养、专业化素养和人文素养，如图五所示。以下，我们对这"四个层次"的体育课程

[①][美]马斯洛著，许金声等译.动机与人格[M].北京：华夏出版社，1987：4.

核心素养的培育逐一展开论述。

```
马斯洛需要层次理论 ────→ 人本关怀下体育课程核心素养的培育
    │                              │
生理需要、安全需要 ──→ 生存需要：体育课程培育体质素养（培养健壮人）
    │                              │
归属与爱的需要、尊重需要 ──→ 社交需要：体育课程培育社会化素养（培养社会人）
    │                              │
自我实现需要 ──→ 自我实现需要：体育课程培育专业化素养（培养竞技人）
    │                              │
求知与理解需要、美的需要 ──→ 超越自我需要：体育课程培育人文素养（培养自由人）
```

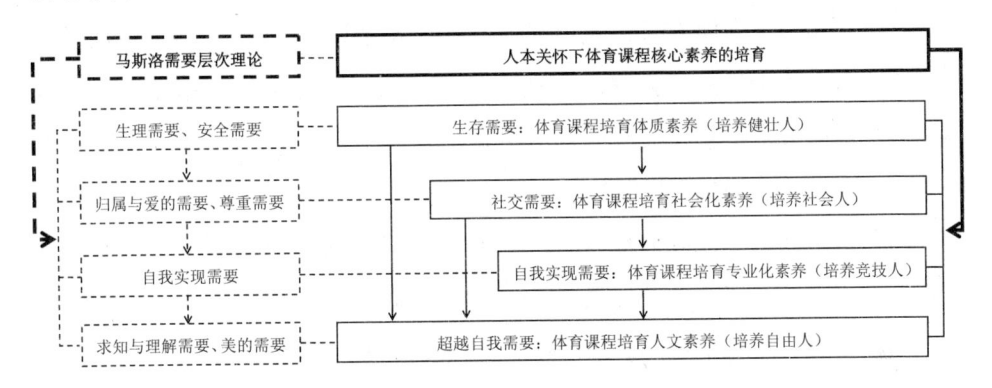

图五　四个层次：人本关怀下体育课程核心素养的培育

一、生存需要：体育课程培育体质素养

（一）马斯洛需要层次论与体育课程体质素养培育

在马斯洛的需要层次论中，人的生理和安全需要处于第一和第二位置，也是其他需要实现的前提。从人的发展视角看，一个人出生之后，在未受到任何教育之前，只能算是一个"自然人"，其行为大多以生物的本能为主导。在这种情况下，体育课程素养培育第一个层次，就是要把"自然人"培养成既能够通过运动技能的强化满足自身生存、生活需要，又能够通过认知和行为保障以及改善自身健康，同时还拥有对生命和生活正确认识和感受、充满敬畏的情感的"健壮人"。此为人的需要的基本层次，也是体育课程素养培育的基础性目标。而这就需要我们注重学生"体质素养"的培育。

1952年6月，毛泽东同志专门为中华全国体育总会成立大会题词"发展体育运动，增强人民体质"，为新中国的体育事业发展指明了正确的方向。在深刻学习和领悟了毛泽东的这一体育发展思想后，体育界和全国人民都欢欣鼓舞，很多轻视体育运动的知识分子也从根本上扭转了以往认为体育就是"跳跳舞、打打球"的错误观念①。

在会议主持人向所有参会人员宣读了毛泽东这个题词之后，大家都心情激动，掌声久久不能平息。会后，大家都精神振奋，争相传颂，体育界的很多知名学者与专家如徐英超、吴蕴瑞、马约翰等也都兴高采烈，不约而同地高声齐呼："毛主席的题词真正把握住了体育的精髓。"

随后，毛泽东"发展体育运动，增强人民体质"的题词被整版刊登在《新青年》杂志上，在评论中尤其强调了我国发展体育运动应为人民服务、为国防和生产建设服务的科学观念。这个题词进一步体现了党和国家为发展做贡献，为人民谋福祉的宗旨，对于引领新中国的体育事业发展迈上正确轨道，有着非常重要的现实意义和深远的历史意义。过去，中国人就因为身体羸弱，运动和竞技能力差，在国际体育赛事上屡屡全军覆没，被西方人蔑称为"东亚病夫"，每个华夏儿女无不悲愤交集，引以为耻。毛泽东的这一重要题词，将体育运动发展的目标确立为改善国民体质，标志着我国体育事业的伟大革命。在这之后，体育逐渐走进了人民大众的普通生活，体育事业成为新中国社会主义建设的重要一环，而国民也逐步开始正视体育，参与体育，乐于体育，群众性体育运动逐步兴起并蒸蒸日上，国民体质不断增强，社会主义生产和建设事业也飞速发展。

所以，把体质素养列为体育课程核心素养培育的基础位置是必要的，也是体育课程实现人的全面发展的基本保障。国内有的知名教授对此进行深入研究和科学论证，并提出了体育课程的体质素养应包含运动能力、健康行为和生命伦理三个方面。

（二）运动能力

体育课程是一门基于身体活动的课程，而运动能力是体能、体力和动作的规范性、技术性以及运动习惯等在身体活动中的综合表现，是人类身体活动的关键要素。良好的运动能力有助于提升学生的体质和生活实践能力，为他们的

---

①http://nongli.85384.com/history/id-5883.html转载于历史上的今天：毛泽东题词"发展体育运动，增强人民体质"。

身心发展打下坚实基础。《体育与健康课程标准》（2001年版）中明确强调，通过体育与健康课程的学习，学生将增强体能，熟练掌握基本的体育知识、技术与技能，养成并坚持长期锻炼的习惯。因此，体育课程就要从动作、习惯和技能方面着手，提高学生的运动能力。

1. 在动作规范性教学上求突破

在体育课程的运动能力培养中，动作的规范标准很重要，而学生要掌握规范的动作不仅需要理性的知识要点讲解，更需要有直观感性的认知和体验，这就要求教师在教学时，准确、规范地进行示范和演示，让学生能够直观地看到要学习的标准动作，全面掌握动作的关键点和技巧，最终能够准确地实践和演练，同时教师的言传身教也更能获得学生的关注，提高学生的积极性，提升教学效果。学生在教师演示的过程中，借助眼睛、耳朵、皮肤等感觉器官，体会某动作的基本要领和方法，产生一个大致的印象，然后通过大脑思维进行思考、分析、总结和记忆，形成明确的自我指导机制，再将其外发于身体和四肢，形成自己的动作。所以，体育教师在传授学生动作时必须要遵循学生的认知规律，让学生将所传授的内容和动作完整准确地消化和吸收。教师一开始可以将动作完整演示一遍，让学生脑中有个初步的轮廓，并模仿教师照做一次，接下来可以把动作分解成一个个小步骤，向学生逐个讲解和演示，学生也进行同步练习，教师进行逐个指导和纠正，最后再带领学生总体连贯地演练数次，巩固学习成果，加深学生印象，形成习惯性动作，最终圆满完成该动作的教学。另外还要注意的是，教学过程中，要求动作准确的同时还要追求优雅、美观、干练、敏捷、连贯、协调，让学生能体验到身体的美感和心灵的享受。

2. 在良好锻炼习惯上求养成

学生的运动能力不仅包括掌握标准规范的动作，还要求养成持之以恒的锻炼习惯。为什么当前我们学生的体质参差不齐？很大一部分原因就在于有的学生经常进行自我锻炼而有的学生却没有这样的意识，或者有锻炼但方式不正确。我们要努力让学生养成锻炼习惯，主要从两方面入手。一方面是要指导他们在锻炼时遵循规律，讲究方法；另一方面是要让他们产生经常锻炼的意识，有主动锻炼的动力。所谓遵循规律、讲究方法就是在锻炼时要把握自身体质的具体情况和人体机能的运作规律,做到张弛有度,合理安排,同时讲究正确有效的方法,要让他们知道,并非只要进行体育锻炼就一定能够对身体有好处,也没有哪一种体育锻炼能够同时对身体的各个部分都均衡地产生锻炼效果,如果不注意正确的方法,可能达不到理想的效果,甚至还可能对身体造成很大的负面影响。而让学生产生经常锻炼的意识就是要让他们自己愿意经常锻炼,想要经常锻炼,保持积极性和主动性,不需要别人要求就自发地进行锻炼。所以在体育课程中,体育教师一方面要带领学生了解人的生理特征和身体的客观规律,并了解体育对于身体的作用和影响,正确安排和把握好客观合理、循序渐进的运动程序。另一方面要传授正确的锻炼方法,不仅动作姿势准确到位,还要学会保护自己的身体,锻炼前后要遵守一定的流程,做好各项措施。还有一个方面就是要让学生明白和体会锻炼的好处,通过各种方法和途径让他们自己对锻炼产生需求,并且为自己创造各种条件,养成持之以恒的锻炼习惯。

3. 在体育技术和技能教学方法上求创新

技术和技能如田径运动的走、跑、跳、投等也是运动能力的重要组成部分,为了使学生更好地掌握体育课程传授的技术和技能,体育课程就应该要创新。对于处于青春期的孩子们来说,他们对世界充满好奇和期待,追求新颖和与众不同的事物。我们的体育课程就应该为学生创设全新的育人环境和开发别出心裁的技术与技能教学方法。相较于理性教育来说,感性教育往往对学生更加具有吸引力,也更能被他们领会和接受。体育课程中的知识、技术和技能有独立性也有关联性,要顺利实现学生的学习迁移就应该让学生有更为直观的感性体验,从而在心中形成自己的内部情境,并融入自己的智慧当中。所以,我们在教学中应该适当引入一些全新的、高科技的感性方法和手段,如视频、音频、3D动画、人机交互系统、体感技术等,使学生既能产生高度的学习热情,又能高效率地获得技术与技能学习掌握效果。[1]

---

[1] 王春良.体育教学中应重视学生基本技能的培养[J].新课程(下旬),2011(11):117.

（三）健康行为

健康是人类社会永恒追求的目标之一。健康素养的高低直接影响到人的全面发展的速度和质量，甚至影响到整个社会的发展。"改善城乡居民健康状况，减少不同地区健康状况差异，提高国民健康生活质量，主要健康指标基本达到中等发达国家水平"已成为党的十七大以后提出的"健康中国2020"总目标的重要内容。[①]

我们发现，很多青少年都积极主动参与体育运动，对一些体育项目也都拥有较高的兴趣，其中一部分人还养成了一定的锻炼习惯，甚至掌握了一些基础知识和技术技能，也都比较清楚体育对于强身健体、提升体能有很好的效果。但是，我们仍要注意到，很多青少年在日常生活和体育锻炼过程中，由于缺乏健康常识，忽视人体和运动规律，给身体造成了极大的健康安全隐患，例如作息时间不规律、饮食习惯不合理、不良的嗜好，以及空腹或饱食后运动、带伤病锻炼、无节制锻炼、不遵守科学的锻炼程序、不能合理调节运动负荷、无视锻炼的客观环境与条件、不了解运动中突发状况的正确处理等，这些行为导致锻炼无明显效果，甚至产生反效果，损害身体机能，发生人身安全意外，严重的可能危及生命安全。

以上情况在生活中和新闻中屡见不鲜，已经是摆在教育界面前一个日益严峻的问题。要避免以上情况出现，体育课程就应该担负起对学生灌输健康理念和培养健康行为的责任，让他们爱惜身体，科学锻炼，维护健康，保证安全，这是体质素养培育的另外一个关键环节，也是促进人的全面发展的基础和要件。

1. 健康行为的概念

我们这里所说的健康行为，是狭义的生理、身体健康行为，是指人类为了强身健体、远离疾病、维护自身身体健康而进行的一些有意识、有目的的行为。广义的健康行为应该还要包含心理健康行为，但由于其不在体质素养的范

---

① "健康中国2020"战略研究报告编委会. 健康中国2020战略研究报告（精）[M]. 北京：人民卫生出版社，2012.

畴之内，就放在后面进行论述。狭义的健康行为，既包括生活上的健康行为，如作息行为、饮食行为、养生行为等，也包括锻炼中的健康行为，如运动行为、护理行为、安全行为等。

健康行为是实现身体健康和积极适应外部环境的综合表现，是改善健康状况并逐渐形成良好生活方式的关键。健康行为包括养成良好的锻炼、饮食、作息和卫生习惯，控制体重，远离不良嗜好，预防运动损伤和疾病，运动疲劳恢复等。健康体育行为虽然可以通过自我意识的觉醒而自发形成，但更多的还需要体育教师在体育课程教学中对学生进行合理培育和引导，使其固化和素养化。

2. 体育课程培养青少年健康行为的意义

青少年正处于他们人生的成长阶段，就像早晨八九点钟的太阳，他们还有漫漫的人生旅程要走，同时，正所谓"少年强则国强"，他们的肩头承载着国家和民族振兴的希望，因此，在体育课程中引导青少年培养健康行为有着重要的意义。一是能够为青少年的终身发展打好基础。青少年在这一阶段有着非常强的可塑性，是培养各种习惯的黄金时期，健康行为的培育相对更为容易，而且健康行为一旦在人生的早期就形成习惯，将让学生在今后漫长的成长和发展过程中得到很多好处，乃至于在整个人生中都能享受到高质量的生命和生活。二是体育教师在学生心目中的权威性和号召力以及他们在体育与健康知识方面的专业性是其他人不可比拟的。体育教师是专门教育学生的人，它可以将体育教学和健康行为培养融为一体，同时让学生们感受到健康和学习的相互促进作用，学生往往也愿意相信和遵从教师的引导。而且体育教师对于体育与健康知识往往有比较系统的了解和把握，在引导学生时就更为科学更为专业，效果也更好。三是青少年健康行为的培养具有很强的社会意义。如今很多家长可能都不具备较为全面的健康素养，当孩子用所学的健康知识和行为习惯来积极影响家长时，家长往往也都乐于接受并身体力行，而家长又可能将这些进一步带入社会人际交往中，进而影响到他人。另外，学生养成的健康行为习惯还会在将来他们成家立业后一代代往下传承，如此一来，就促进整个社会逐渐形成崇尚健康行为的整体氛围，最终对整体国民健康素养的提高起到重要的推动作用。

3. 青少年健康体育行为培养的目标

健康行为的培养，要求体育课程首先要树立学生追求健康的意识，通过讲解举例、潜移默化的方式让学生明白健康的重要性，身体是学习、工作的重要资本；然后要让学生掌握体育健康知识和能力，结合学生的生活实际、并以具有吸引力的教学方式和现代化的教学手段传授与学生生活和锻炼相关、实用性强的健康知识和能力；最终让学生把健康知识和能力转化为日常健康行为并养成习惯。在学生健康意识不断巩固、健康知识不断积累以及认识掌握水平不断提高的情况下，引导学生将所学所得内化到自己的精神品性当中，并落实到自己的日常生活和学习中去，长久坚持，最终使培养效果落到实处，使学生的体质健康水平得到稳定的提高和长期的巩固。为了达到这样的效果，体育课程对于健康行为的培育应该确立以下四个具体目标。

首先，要树立和巩固学生的健康意识。

树立意识才会产生行为动机，也才能保证学生形成健康行为习惯后不致半途而废。要让学生了解身体健康的重要意义，切实感受到身体健康的好处，同时也明白缺乏健康将会造成什么后果，让他们从内心产生对健康知识和健康行为的需求。

其次，要让学生具备体育健康知识与能力。

学生之所以没有养成健康的锻炼习惯与掌握正确的锻炼方式，除了缺乏意识的原因外，更多的还在于他们不具备体育健康知识和能力。体育教师应该运用各种教学方式和手段，向学生传授相关的健康知识，包括系统的生理、运动知识和一些实用性强的小窍门，并指导他们如何融入自己的日常活动和体育锻炼当中，最终形成健康体育行为，提高自己的体质健康水平，进而影响家庭、影响社会。

再次，要让学生远离各种不良的体育锻炼习惯。

各种不良的体育锻炼习惯，不仅对健康无益，还有可能对身体造成很大的伤害。青少年因为新陈代谢快，体力精力旺盛，活动和锻炼的机会比较多，如果不注意方式方法，就会对身体造成负面影响，这些影响可能暂时不会体现出来，但长久积累下一旦爆发就不容易消除。比较普遍的不良锻炼习惯如：空腹或饱食后运动、带伤病锻炼、锻炼无节制、不遵守科学的锻炼程序、不能合理调节运动负荷、无视锻炼的客观环境与条件、不注意运动风险防范等等。因此，体育课程就应通过讲解、示范、举例等各种有效的方式引导学生识别、改正和远离错误的锻炼习惯，让他们都能够健康地锻炼，安全地锻炼。

最后，要促进学生健康地生长和发育。

除了遗传因素外，学生生长发育水平还受到生活条件、生活习惯和家庭教育的重要影响。我国国民收入的高速增长，使人民的生活水平不断提高，家庭的物质经济条件也有了很大改善，大部分独生子女家庭对孩子视若珍宝，寄予厚望，当然这些无可厚非，但就很容易导致父母亲一方面在生活上对孩子过于溺爱，另一方面在教育上又过分施加学习压力，同时很多家长和孩子对于健康知识又比较欠缺，造成孩子偏食、营养过剩、身体肥胖、提前发育、作息时间不规律、缺乏锻炼、近视等一系列问题，严重影响了孩子正常健康的生长发育过程。我们的体育课程就应当把相关的健康知识和方法教给学生，并通过孩子影响家长，学校、家长、学生形成合力，共同促进学生的健康生长和发育。

综上所述，体育课程既要教学，也要育人，而育人的一个重要方面就是培育健康的人，我们要把健康行为的养成当作体育课程的重要任务，让学生既能保护好身体的健康，又能够养成科学规律的锻炼习惯，最终成就健康的体质，受益终身。总的来说，我们可以将学生健康行为的培育分成生理与机能的认知、健康锻炼的教育、日常膳食的合理搭配、作息时间的科学安排、正常生长和发育的促进、运动风险防范和处理等六个方面的内容。另外，可以按照青少年的认知和身心发展的规律，将这六项内容分别合理分配到小学、初中、高中、大学等多个学段的体育课程中开展教学。

（四）生命伦理

这里所说的生命伦理并非泛指人文素养中的人类思想品德以及行为规范，而是特指体育课程培养的对生命充满崇敬和对生活正确认识和感受的人生观和价值观。体育课程培育学生的体质素养，除了提高运动能力和培养健康行为习惯来使他们获得强壮、健康的身体以外，还要让他们不断追求美好的青春和生命，让他们懂得生命的珍贵和高尚，加倍爱惜、保护自己的生命，并在生命中积极地体验生活、感受生活的乐趣，乐观积极地面对所有困难，最终让自己成为命运的主人、生活的主人。

1. 追求生命本质，解放人类天性

生命是人最为珍贵的财富，一个人如果没有生命，别的都无从谈起。我们的体育课程绝不能忽视对生命的教育，要教育学生关怀它、尊重它。而要做到这一点，首先就应该要遵从人类生命中的本质和天性。然而，中国历史发展中占据绝对优势的唯心主义观，往往割裂了人的身体与意识的关系。在当今时代，应试教育使得更多的学生、家长甚至是教育工作者把考试和升学放在第一位，体育课在他们心目中变得可有可无，课时不断压缩，甚至取消体育课。如此一来，青少年运动能力减弱、体能与体力下降、身体素质变差、健康水平降低也就是自然而然的事，这种重智育而轻体育的做法，谈何对生命的尊重？又谈何人的全面发展？当然体育偶尔也会被置于第一的位置，一种情况就是以通过各种体育竞技比赛拿到各种荣誉为目的，当然他们要的也并非体育的生命教育效果，而是奖状、证书和奖牌。第二种情况就是如果学生不愿或者不会读书，家长或者他们自己就会想方设法从体育这条路寻找未来的发展方向，于是弃文从体，谋求另一种前途。不管是以上哪种观念，都是对体育课程的极端偏见，以功利心看待体育课程，生命的本质和人的天性被雪藏。

生命的本质，应该是身体与意识、天性与知性的完美统一。体育课程就要把握好生命本质的统一性，以生命伦理为主题实施教育活动。人类的天性中有求知欲望，也有运动欲望，我们不能压抑其中之一而突出另外一个，这是生命本身的需求，也是青少年内心的呼唤。我们要让青少年从单纯知性教育的束缚中脱离出来，使他们回归自己的本真，然后在体育课程的指引下绽放生命的光华，展现生命的活力，在自由快乐的运动中挥洒青春，释放个性，身体、心灵得到超脱尘埃的美好享受和自由发展，这才是生命的本质与真谛，才是人类永不褪色的天性和魅力。

2. 增强生命活力，感受生命之美

体育课程对于生命伦理的教育，除了释放内在的人类天性外，还应彰显外在的生命美丽。也就是说，体育课程还能给人带来美的享受，也拥有很强的艺术性。体育课程通过各种运动和项目训练，使身体四肢得到充分的舒展，生理机能得到有效的激活，同时新陈代谢的加快，使体内毒素和废物迅速排解，让人获得轻松舒畅的感觉，这是生命美好享受的第一步。苏联的萨拉夫教授曾说："人类的很多艺术——如绘画、雕塑、音乐、建筑等——都起源于体育运动，它们在最初往往都是用来表现体育运动中的形体美、动作美和灵魂美的一种方式。"第一，体育运动能够让人的身体得到全面协调的发展，从而使皮肤紧致光泽、肤色健康、富有弹性，肌肉分布匀称、线条自然、蕴藏力量，同时身姿挺拔、体态优雅、气度不凡，这是身体美的极致表现。第二，体育运动能让人的活动协调自然，动作敏捷、举止不俗、美观大方，内化于心灵则形成沉稳高雅、品位高尚的审美情趣。第三，很多体育竞技比赛还具有很强的艺术观赏性，能给人带来美的熏陶和体验。因此，在体育课程教学中，教师要让学生通过各种运动和训练充分体验生命的活力，同时用各种教学方式充分向学生展示体育所蕴含的生命之美，让他们更加懂得生活、热爱生活。

3. 培养积极态度，尊重珍惜生命

当今摆在教育界面前一个非常严峻的问题，就是青少年对生命的漠视。很多青少年对自己和他人的生命毫无敬畏、关爱之心，肆意地贬低生命，随意地残害生命，轻易地结束生命，任意地挥霍生命。表现在以下几个方面：第一，在为了满足欲望或者遇到挫折、打击和情感问题时，把金钱、感情、分数看得比生命更为重要，于是伤害自己的身体，甚至付出生命的代价来追寻或逃避。如卖肾换钱买手机，因失恋或考试成绩不佳而自残、自杀，这些是肆意贬低生命和否定生命的表现；第二，以减压、玩乐或复仇为目的，随意伤害、殴打他人，甚至是杀害他人，这些事件屡见不鲜，令人扼腕心痛，这是随意残害生命的表现；第三，有些青少年在社会不良风气的影响下，沉迷于网络游戏，甚至为了追求畸形的愉悦体验，染上赌博、吸烟、酗酒甚至吸毒的恶习，这些都是任意挥霍生命的表现。

因此，体育课程在生命伦理上的教育更不容忽视且愈加紧迫，体育教师要在教学中引导学生形成健康的生命伦理价值观与信仰，让他们正视生命、关爱生命、敬畏生命。同时，还要在体育课程中让学生感受生活，向往生活，充实生活，美化生活，营造乐观、积极、向上的体育教学氛围，在他们的心目中形成生命伦理的正能量，使他们充满生命的活力，茁壮健康成长。

二、社交需要：体育课程培育社会化素养

（一）马斯洛需要层次论与体育课程社会化素养培育

马斯洛需要层次理论的第三、四个层次的需要为归属与爱的需要和尊重需要，可归纳为社交需要。这个社交需要有三个方面的意思：第一个是归属需要，也就是人们向往被某一个组织接纳，并受到其他组织成员的认同和欢迎，同时在组织中获得强烈的存在感和不可或缺感；第二个是爱的需要，也就是付出与获得亲情、友情、爱情等情感的需要，能够拥有爱的权利，也能够享受到被爱的幸福；第三个是尊重需要，也就是渴望自己成为一个重要的社会角色，自己的社会价值能够得到别人的肯定，自己的社会形象能得到别人的敬仰和崇拜。这三种需要如果综合在一起研究，实际上就是在讲人的社会化问题。

因此，体育课程素养培育的第二个层次，就是要把"健壮人"培养成能够很好地融入社会、适应社会，并通过自身的行为积极影响社会的"社会人"。此为人的需要的中级层次，也是体育课程素养培育的发展性目标。而这就需要我们注重学生"社会化素养"的培育。

（二）体育课程对青少年社会化的意义

人的社会化是一个内涵深广的重大课题，如果从多学科领域来进行研究，这个问题就会显得相当复杂，当然，本文此处无须赘述。我们非常明确的是，社会性是人的本质特征之一，因此人的社会化非常值得所有教育者高度关注，体育课程当然也不能例外，而且，相对于其他基础教育课程而言，体育课程在

培养青少年社会化方面具有得天独厚的优势和别具一格的意义。

1. 体育课程中所学技能为青少年将来的社会生活打下了良好基础

与其他生物相比，人的优势主要集中在意识和智慧层面，而在身体方面并不具备先天的特异性优势，这一点体现在肢体动作上尤为明显。人的社会生活很大程度上由一些肢体动作及其组合而成的行为和活动构成，而体育课程中的技能培养将会帮助人在成长过程中逐渐规范和强化各种肢体动作，因此我们可以说，体育课程在技能培养上为青少年将来的社会生活打下了良好的基础。一个人在婴幼儿时期就和父母亲一起玩耍嬉戏，这一过程实际上就是在初步地对孩子进行基本的体育技能培养，促进了他爬行、站立、行走、奔跑、跳跃乃至与同伴追逐、游戏等社会生活行为的形成。随着孩子的不断成长，他们在体育课程中学习到的技能越来越多，也越来越复杂，抓、握、踢、投、攀爬、滚翻、平衡等生活运动技能与走姿、站姿、坐姿、蹲姿等社交礼仪技能都会得到锻炼，这些都是学生以后社会生活中所必不可少的技能，必然对其社会化产生积极的促进作用。

2. 体育中所学的健康知识是青少年社会化所需知识的重要组成部分

在人类发展过程中，文化和知识被不断地积累、沉淀、升华，而这些文化和知识对于人的社会化有着非常重要的意义，必须依靠我们的教育者向学生进行教导和影响。在所有的文化和知识中，体育健康知识则显得尤为突出，是促进学生现在和将来进行健康社会生活的基础。这些健康的体育知识可以让他们养成良好的日常生活习惯、锻炼习惯，树立保健意识，塑造健康的体魄，提升心理素质，为社会化做好身体和心灵上的准备，同时还能享受生活的乐趣，感受生活的丰富多彩，拥有健康美好的人生。

3. 体育课程是影响青少年内化社会行为规范的重要手段

一个社会不同于一个人群，他们虽然都由人组成，但人群可以是杂乱无章的，而社会却必须是井然有序的。这个井然有序就体现在社会中的人应该拥有共同的行为规范和制度约束，以此形成一个严谨和谐、循规蹈矩的社会秩序。这是一个社会的内在要求，也是社会中每一个人必须养成的价值理念，只有这样，人类社会才会稳定地进步和延续。因此，自觉遵守规则是青少年社会化的一个重要步骤，而我们的体育课程在这方面有很好的培育效果[①]。众所周知，任何一种体育活动和竞技比赛都有相当严谨的规定和规则，而且时刻都处于一个监督、评判，以及处罚者也就是裁判的管理之下。整个体育运动或者比赛当中，运动员的一切行为都应该在规则制度的约束下进行，不可触犯这些要求，否则就会受到严厉的处罚，运动员自身还会产生后悔、惋惜、反省、自控等心理活动，以后就会重视规则，遵守规则，维护规则，比赛就会更加和谐、文明、公平、圆满，而自己也能得到他人的肯定、褒奖与认同，受到团队的欢迎，获得更好的人际关系，同时身心理素质也会提高，在今后的社会生活中就能够更好地控制自己的情绪和行为，成为一个理智、沉稳、不冒失、不逾矩的优秀社会人。因此，在体育课程中，如果能够让学生充分地感受和体会到规则的重要性并培养出遵规守纪的意识与行为，并逐渐内化融入人的灵魂和品性当中去，将会让他们在社会中更容易被认同和接纳，他们也更容易适应各种社会环境，从而顺利融入社会，促进自身和社会的共同发展。

4. 体育课程对青少年形成现代人格价值观具有促进作用

我们知道，体育课程有多种功能，有功利性的也有非功利性的，有生理性的也有心理性的。然而，不管是为了竞技夺魁、争先创优，还是为了增强体质、强健体魄，或者是追求健康享受、愉悦身心，以及追求完善品性、理想人格，都不是一蹴而就，轻易获得的，它需要一个长期、稳步的锻炼过程才能实现。所谓聚沙成塔、水滴石穿，任何成果和成就的获得必须要有坚不可摧的意志力和锲而不舍的勇气，不能目光短浅、急于求成，否则注定是竹篮打水一场空。因此体育课程对于塑造一个人的坚定、坚持、努力、向上的现代人格价值观有着非常积极的意义。

5. 体育课程项目强烈的竞争性培养了青少年的竞争意识

人类社会处处都充斥着竞争，人的社会性发展实际上就是不断在竞争中脱

[①] 王景亮. 体育运动与青少年社会化[J]. 陕西师范大学学报（哲学社会科学版），1998（2）：172—174.

颖而出，取得社会成就的过程。有专家认为，我们的社会生活和工作其实与体育竞赛很类似，每个人都在同一个环境和规则下，不断强化竞争意识，努力争夺好成绩，获得最后的胜利。因此，青少年社会化中的竞争意识培育完全可以在体育课程的一些竞技项目训练中得以实现。

竞争意识，代表着一个人参与竞争的勇气、在竞争中光明正大地击败对手取得胜利的信念以及引导自己取得竞争胜利的方法和途径，它是人产生竞争行为的动机和资本，也在很大程度上影响了人的其他心理以及性格特征。体育课程拥有很多高竞技性的运动和竞赛项目，学生在参与这些项目的过程中，往往需要有智慧、体能、技术的相互配合，再通过竞争意识强化和放大，完美地发挥自己的水平。一般来说，竞赛中选手要做好两件事情：第一是要正确地评估对手，结合自身的优势确定行动计划，并有效地运用到竞赛过程中去；第二是要根据赛场形势的变化，对既定的计划和方案进行灵活合理调整，做到审时度势，随机应变。这两件事情都需要强烈的竞争意识和求胜决心作为支撑。因此，体育课程中学生参与竞赛项目的过程，实际上就是一个既发展智力和能力，又强化竞争意识的过程，从这方面来说，体育课程一直发挥着重要的作用。

6. 体育课程为青少年发展良好人际关系提供了适宜的场所和机会

青少年的社会化离不开人际关系能力的提高，在这方面来说体育课程也具有比较明显的优势。体育课程中有众多的集体活动和竞技活动项目，具有非常强的群体性，不论是参与者或是观摩者，都在自觉或者不自觉地进行各种人际交往，如观摩者聚集一旁呐喊助威、喝彩加油、评点选手、讨论局势，参赛者更是和队友或同伴一起相互配合、相互鼓励、团结协作、携手共进，这对他们的个人素质和道德修养有着更为严格的要求。比如当队友出现失误时，是安慰体谅还是辱骂嘲讽；当对手犯规时，是理解原谅还是针锋相对；当对裁判结果有争议时，是服从安排还是冲动放肆；当与团队理念不一致时，是顾全大局还是我行我素；与他们产生冲突时，是豁达大度还是睚眦必报等等。在这样的经历中，学生就会逐渐密切自己和群体之间的联系，也认识到应如何建立和维护自己的人际关系，明白与人为善、广交朋友的好处，领悟道德修养对一个人在人际交往中的重要性，懂得了规则与自由、竞争与合作、释放与克制之间的分寸拿捏，进而迁移到自身的社会化素养培育当中，逐步养成善良、谦逊、理解、体谅、协作、包容、忍让、牺牲等社会化素养的优秀品质，学会听指挥、讲服从、顾大局、讲公平等社会人际关系处理的态度和方法，使自己在今后能够顺利营建和巩固自己的社会人际关系网络，为自己的发展平添助力。

而且，当学生适应和习惯了良好的人际关系氛围后，学生就会自发地改正自己性格中的某些缺点与瑕疵，如自私、孤僻、口无遮拦、嫉妒、骄蛮、傲气等。所以我们说，体育课程对于学生人际关系的发展有着非常明显的效果。

7. 体育课程是培养青少年社会角色感的有效途径。

作为社会的一分子，人在社会中发展并推动整个社会的发展，必须得通过自己所扮演的某个角色起作用。体育课程可以为此打好基础，因为体育课程中一些集运动性和娱乐性为一体的项目就需要学生在中间担任各种角色，在教师所营造的一个模拟的社会环境中各就各位，各司其职，初步体验自己模拟的社会角色。通过这些活动，他们可以近距离、直观地感受社会真实的一面，体会到社会的复杂性，特别是可以体会到这些角色的社会功能和不可或缺的意义，让他们产生代入感，明确对自己未来的社会向往和可能承担的社会责任，让他们能够更好地正视某些社会角色，并在未来担负起这样的角色。

从以上七点我们可以看到，对于学生的社会化而言，体育课程有着不可替代的全面性作用。我们的体育课程就应该要更多地关注学生社会化素养的培育，采取各种有效的体育课程教学策略，不断地促进他们人格的社会化，为将来他们能够适应社会、融入社会、促进社会发展奠定坚实的基础。

（三）学生社会化素养的培育

正是由于学生社会化素养培育是体育课程教学的关键任务，为了让我们的学生在体育教学中能塑造积极的人格和品质，强化人际交往和社会适应能力，提升自身心理素质、道德品质和思想觉悟，更好地感悟生命的美好和体验生活的多姿多彩，同时也实现体育课程的文化教育使命，把学生造就成一个合格的

"社会人",我们在从事体育课程教学时也应设计和运用各种有效策略,实现学生的社会化素养培育。

1. 渗透的策略

所谓渗透的策略,就是在体育课程中,构建社会化的体育教学氛围以及包含社会化知识和技能的教学内容,再通过传授、引导、体验等方式渗透到学生的意识当中。对于青少年而言,他们在某个特定年龄阶段对于社会化的认识和接受能力具有较强的相似性,因此渗透这种非特异性策略对于同一成长阶段的学生是普遍适用的。

从心理学的角度来说,促进青少年社会化的渠道一般有两个。一是主观的渠道,它和先天遗传以及人主动社会化意识的萌发有密切关系;另一个就是客观的渠道,这就和教育息息相关,这里的教育不仅仅包括学校教育,还包括家庭教育和社会教育。而我们的体育课程就应该在其中起到主导性的作用,这中间包括构筑社会化的体育教学环境、创造团体化的体育教学氛围、开发促进学生社会化启蒙和发展体育教学项目以及传授社会化的实用知识与技能等,这些都包含在渗透策略当中。

渗透,说穿了就是潜移默化,让学生在无意识当中逐渐趋向社会化,这种策略的效果比单方面灌输要好得多。这需要让学生接受多方面的浸润和长期的熏染。所以,我们的各项社会化培育的教学内容也应该注重这一特征,比如在环境和氛围创建上,可以通过黑板报、宣传栏及教学场地的设计和布置,添加社会化的图片和内容,以及社会体育事件和新闻等等,还可以经常举办一些模拟社会实践的体育活动,并针对学生的实际生活传授一些社会交往的方法和小技巧等,让学生能够不知不觉地把社会化素养内化到自己的心灵中去。

当然,在不同的年龄阶段,我们也要注意体育课程中社会化教育的差别安排。根据心理学研究的结果,我国儿童在5—14岁普遍表现出亲社会的行为,在此期间,学生的社会意识不断觉醒,对社会开始有了初始的认知,且这种认知往往都是正面积极的认知,在这个年龄段之后,这个认知就会逐渐的中性化。另外,孩子一般在7岁左右产生明确的集体归属感,并形成集体道德,在9

岁左右基本上可以从他人的行为中进行较为理智的道德判断。所以，体育课程的社会化素养培育也要考虑到青少年心智的成长规律，并有针对性的设计和实施于教学活动中，使渗透的策略产生更加积极的效果。

2. 问题解决的策略

所谓问题解决的策略，就是有针对性地面向学生某些非正常的社会化行为进行介入和矫正。当今社会，由于物质水平的不断提高、消极思想的侵蚀、家庭教育的缺失和应试教育的束缚等一系列原因，学生往往会进行一些扭曲的社会行为或逃避社会的行为，有的成为经常参与团体性抢劫、打架、酗酒、抽烟、吃喝玩乐、不务正业的"问题少年"，还有的变成孤僻、厌学、独来独往、沉默寡言、精神颓废、不爱交往的"宅男、宅女"。类似这样的问题虽然不是普遍现象，但也并非罕见，要是我们视若无睹，置之不理，也有可能产生更为严重的后果，不仅影响这些人自身的发展，还会对整个社会造成危害。所以，我们提出问题解决的策略，就是要求我们首先要发现学生存在的社会化问题，然后分析其主观与客观根源，再对症下药，在体育课程的范围内设计相应的教学项目和运用有效的教学手段，使学生的社会化回归正常的轨道。

要正确地运用这一策略，我们就要确定好其科学的实施步骤。这个步骤应该是：问题的发现与分析——解决方案的设计——具体行动的实施——效果评价与反馈。我们以社交困难为例具体说明这个过程。

第一步，运用心理学进行社交状态及能力相关测试和诊断，并对诊断结论进行科学分析，深入了解学生在社交方面的具体障碍及其根源。

第二步，针对第一步得出的结果设计解决方案。包括普遍性解决方案和个体性解决方案。其中普遍性解决方案可以将体育课程针对学生社会化的教学纳入学校的大型活动中去，开展各种运动会、体育技能竞赛以及其他文体活动，还可以在体育课程中，具体引入某些情境模拟训练、小型体育比赛以及社交游戏等。个体性解决方案就是体育教师针对个别学生的特殊性社交障碍，设计有针对性和差异性的解决方案，对他们进行个体指导和行为矫正。

第三步，具体行动的实施。在学校开展的各种文体活动中，可以更多地让学生参与动员和管理过程，在体育教师的指导下，比赛动员、计划制定、人员组织、沟通协调、过程控制、后勤保障等都由学生来负责，甚至可以让学生担任裁判，学生在整个过程中将会切身感受到实实在在的人际交往，逐渐学会各种关系处理的技巧，诸如沟通技巧、领导技巧、协作技巧、与人相处的技巧、协调矛盾的技巧以及应付突发状况的技巧等等。在体育课程的情境模拟训练与社交游戏中，激发学生的参与积极性，让学生在毫无压力的环境下和开心愉悦的氛围中提高社交能力。在个体指导时，耐心倾听，精心诱导，鼓励为主，循序渐进。

第四步，运用心理学工具来评价实施效果，及时总结经验和教训，指导今后体育课程中的社会化素养培育工作。

3. 榜样、强化及教导的策略

体育课程对青少年的社会化素养培育的策略还包括榜样、强化及教导的策略。这是一个系列策略，面对不同学生时，要有针对性地选择和运用不同的策略，如害羞、性格抑郁、被排挤、遭受嫉妒、不守规矩、高傲冷漠等社会化问题，都应该具体情况具体分析。体育课程的榜样、强化及教导策略有三个内容：一是教师天生在学生心目中有着崇高的地位，因此教师在上课过程中，自身的阳光开朗、热情外向、善于言谈、活泼生动的形象在耳濡目染之下会逐渐影响到学生，所谓言传身教就体现于此，所以体育教师首先要维护好自己健康向上的个人形象，为学生社会化意识与行为的养成树立一个标杆；二是如果体育教师发现学生的社会化素养有了明显进步，在社交、遵守纪律、主动性和参与性等方面表现比以往更为优秀的时候，就要及时对他们进行肯定和夸赞，以强化他们的进步效果，并在以后的学习和生活中继续努力。三是体育老师要对学生进行恰当地社交知识与技能的教导，让他们不仅想要社会化，还懂得如何社会化，甚至自己主动社会化。体育课程在学生的社会化素养培育方面有如此之多的优势，我们体育教师更要懂得如何把握和利用，让体育课程真正承担和完成"社会人"培育的重要任务。

三、自我实现需要：体育课程培育专业化素养

（一）马斯洛需要层次论与体育课程专业化素养培育

马斯洛需要层次理论的第五个层次需要就是自我实现需要，它是指一个人树立人生的志向和追求，愿意以毕生的精力为之奋斗，从而建功立业，最终实现自己的社会价值，证明自我、成就自我的需要。马斯洛说过，一个人在自己的潜力全部发挥出来并取得理想成就的时候，这种巅峰快感是无可比拟的，这时候的人处于心花怒放、志得意满、神清气爽、怡然自得的状态。每个人的自我实现需要都不一样，但共同点都在于想要挖掘潜力，一展抱负，要么心愿得遂，要么名利双收，要么功成名就。

因此，体育课程素养培育的第三个层次，就是要把"社会人"培养成一种能够追求功利、建功立业，满足人的自我实现需要的"竞技人"。即：通过体育课程以及专门训练，锻造体质强健、精力充沛、体格完美的、有专门的项目竞技能力和意志，实现自身的价值和使命，取得竞技胜利，走向人生成功巅峰的杰出体育人才。此为人的高级需要，也是体育课程的高级目标。而这就需要我们注重学生"专业化素养"的培育。

（二）体育课程中专业化素养的构成要素

体育课程的任务之一就是要为国家、社会和集体培育出能够在各种竞技体育赛事中取得成功、获得荣耀的体育专项人才。而为了达到这个目标，专项竞技人才除了需要具备前文所提到的体质素养、社会化素养之外，还需要具备优秀的专业化素养，并综合表现在专项竞技之中，使自己取得优异的比赛成绩，为集体和自己争得荣誉，成为一名优秀的"竞技人"。因此，专业化素养的培育实际上就是竞技能力的培养和提升。田麦久教授认为竞技的构成要素包含5个部分[1]，而在这之后随着体育竞技理论研究的不断深入，竞技能力的要素又加上了4个部分，共计9个部分。

---

[1] 田麦久, 刘大庆. 运动训练学 [M]. 北京: 人民体育出版社, 2012: 22—23.

1. 体能

体能是一个人所有竞技能力的基础，它包含爆发力、耐力、敏捷、速度、肢体控制力、协调性和柔韧性等多种运动素质。体能的高低直接反映了竞技运动员参加竞技训练和竞技比赛的身体素质和条件。对于不同的体育竞技比赛，人的体能由人不同的运动素质或者某些运动素质的结合所决定。体能以人的身体构造为源头，以人的生物机能为基础。

2. 技能

技能指的是竞技运动员对于体育专项技术的运用能力。完美的技能运用可以使运动员更加科学、合理、经济地发挥自身体能优势，也可以让他们更好地制定和发挥战术的作用，帮助他们在体育竞技比赛中立于不败之地。科学性和稳定性是评价运动员技能水平的两个方面，而良好的身体协调性则是运动员有效运用技能的基础性前提。

3. 战术

战术指的是运动员在体育竞技比赛中利用己方优势、对方弱势以及竞赛规则而使用的合法有效的计策和方法。战术的制定和实施不仅是体能与技能的较量，更是智慧和心理素质的较量，在竞技中能否在不违规的前提下抓住对方的弱点和突出我方优势，能否合法利用某些比赛规则为己方争取有利条件，往往决定了竞技场上双方的成败。

4. 心理

心理状况也是非常关键的竞技能力之一，它包括动机确立、心态调整和意志强化三个内容，决定了运动员在竞技场上有没有必胜的信念，能不能处于优势不轻敌、处于劣势不慌张，以及有没有坚持下去不退缩的勇气等。

5. 知识能力

知识能力不仅包括一般的科学知识，还包括专项的体育竞技知识。了解和掌握这些知识，对于运动员的日常训练效率和效果的提升，以及在体育竞技比赛取得优异成绩都会产生重要影响。特别对于那些高端复杂的体育比赛，其作用尤为明显。

随着全世界竞技体育的蓬勃发展，体育竞技项目的不断增加，体育竞赛对运动员的要求也不断提高，从而提出了另外4种新的竞技能力要素[①]。

6. 表现能力

表现能力作为一种在竞赛时全面张扬自身竞技水平、个性魅力和艺术感染力的能力，这是基于体育比赛的艺术性和观赏性所提出的一种全新的竞技能力。可以说，表现能力需要以前面五种竞技能力为基础，还要结合艺术素养和审美精神综合表达，是一种相对高端的竞技能力。

7. 对抗能力

对抗能力也是一种综合能力，表现为运动员充分运用自己的体能和技能，发挥强大的心理素质，与对手奋力拼搏，勇于对抗，在相互竞争中所展现出来的身心素养。

8. 应变能力

竞技场上瞬息万变，很多机会稍纵即逝，赛场形势可能突然逆转，经常出乎运动员意料之外，原定的策略和战术可能已经不再适合。此时运动员就需要随机应变，灵活机动地处理各种状况，不断调整自己的状态和表现，使自己立于不败之地，这就是应变能力。

9. 协同能力

协同能力就是团队作战能力。很多团队竞技比赛不是崇尚个人英雄主义，而是讲究配合、协调、相互帮助，有时还需要某些队员作出牺牲。队员之间一旦相互形成默契，合作无间，使整个团队形成合力，就能大大提升团队的战斗力，促使整个团队取得更好的比赛成绩。

（三）专业化素养培育的实施方法

1. 重点发展主导竞技能力——切实提高本专项的核心竞争能力

竞技能力包含的内容非常多，但在某个具体体育竞技项目中，并非所有的内容都同等重要，而是有主次之分，所以我们首先就要找到占主导地位的竞技

[①] 代中善. 对竞技能力构成要素的审思[D]. 长沙：湖南大学，2007：13—16.

能力，它们是决定胜负的关键。

占主导地位的竞技能力，我们称其为核心竞争能力。在把握核心竞技能力时，一定要注意认识准确。长期以来，很多人都把竞技能力的培养过度单一化了，造成认识和实践上的片面。

比如在中长跑的训练中，很多人从目标出发，提出应以速度的训练为核心[1]。当然这也不能说不对，毕竟它终归还是比速度。我们只是想强调，中长跑也不能仅以速度为核心，它只是一个部分，如果我们紧守这一点不放，那就失去了整体观和系统观，显得目光过于短浅。中长跑中速度是直观的主要竞技能力，而要保证速度，耐力非常关键，因此中长跑的核心竞争能力，应该是速度与耐力的统一，只有保证了耐力，才能在整个过程中源源不断地为高速度提供动力和保障，才能让运动员真正拥有在中长跑竞技比赛中取得良好成绩的资本。

另外，在掌握了核心竞争能力的同时，我们也不能忽视其他的因素。从唯物主义辩证法的观点来说，任何事物的发展都是一个持续的、渐进的、在稳定之中有不断变化和提高的整体过程，其间各种主次要因素交互作用，在某些时候一些主次要矛盾还会相互转化，而某些次要因素也会因量变引起质变，对事物的发展起到决定性作用。体育竞技能力的培育也同样如此，如之前提到的中长跑训练，不仅由速度、耐力等核心竞争能力所决定，更和爆发力、技能水平、健康状况、心理素质、目标坚定程度、饮食的科学性、精神状态以及外界环境如训练制度、人文氛围等因素息息相关。因此，我们在进行训练时也要坚持全面与重点、内因与外因、个体与团队、理想与实际以及某些竞技能力因素之间存在矛盾的对立统一的观点，抓住事物的本质和基础，既要认清主要矛盾，也不能忽视次要矛盾，以宏观、系统、全面的眼光看待专业化素养培育的问题。与此同时，正由于一切事物都是运动、变化、发展的，所以我们也应以发展的眼光进行专业化素养培育。在竞技训练中，基础性训练与高水平训练应

---

[1] 姜淑华，李明智，魏丽辉. 对中长跑运动员速度训练的几点认识[J]. 哈尔滨体育学院学报，2006（3）：80—81.

该有一个梯度式的渐进过程，经常表现在训练的距离与时间逐渐减少，而负荷强度逐渐增大，但对处在基础水平的学生，我们往往还是要给予足够的适应时间。

2. 突出发展优势与特长——"不断择优"训练原则

美国著名管理学大师，被称为"现代管理学之父"的彼得·德鲁克教授曾经说过这样一句话："每个人都要把有限的精力和时间用来提升自己原本就比较优秀的能力，使自己在某方面能够更加出类拔萃，而不应该花费在自己原本薄弱之处，成为一个各方面都普普通通的人。"[①]他还说："一个人的很多能力在提升过程中，从优秀到出类拔萃比从无能到平凡所需要的时间和精力要少得多。"所以，一个人应该注重自己优势和特长的进一步强化与提升，而不是无端消耗在本就不如他人的地方，这就是著名的"德鲁克原则"。德鲁克教授的这个思想又可理解为叫作"不断择优"的观点，他鼓励人们都把有限的精力放在最有价值的地方，尽量发挥和发展自己的长处，用自己的长处来弥补甚至是消灭短处，从而在某个方面特别的杰出和有价值。实际上，这就是我们通常讲的"扬长"。

虽然德鲁克教授是从管理学角度来认识这个问题的，但对专业化素养培育仍然有参考价值。竞技能力包含的因素相当的多，而不同的人在不同的方面都有优势和短板，那么在竞技能力训练过程中，就应该重视把握学生不同的特点，结合恰当的运动节律，充分发挥其主观能动性，根据具体竞技项目的需要和他们自身的先天天赋与后天条件，有针对性地对学生进行特长训练，以进一步开发学生的潜力，挖掘隐藏的优势，并使这些优势变得越来越明显和突出，进而形成个人独有的强大竞争力，最终成长为一位杰出的体育竞技人才。

苏联的普拉托诺夫教授也曾说过："我们的很多杰出的运动员都拥有自己与众不同的优势和突出之处，这些优势和突出之处可能是体型上的，可能是体能上的，可能是技术上的，可能是行为风格上的，也可能是心理素质上的。这

[①] 杨新华."木桶理论"与"杜拉克原则"[J].中外管理，2003（6）：85.

些都可以从观察者的角度发现和分析出来,而这些也都构成了他们在竞技中取得佳绩的独特资本。"①

所以,在对学生进行专业化素养培育时,我们要充分把握学生自身条件与竞赛内容的内在关系,不断挖掘学生的潜在能力,注重生物性机能与专项技能的相互弥补性,优先发展学生的特长,同时注意训练方向、训练方式、训练内容和训练负荷的个性化,为学生量身定制针对性强的训练方案,并根据他们的身心成长规律和接受能力对方案进行动态调整,使他们在专业化素养培育过程中,既不会有拔苗助长之痛,也不会有仲永泯然之憾。

3. 注意拾遗补阙——"木桶理论"

德鲁克原则运用在管理学当中可能是无懈可击的,但在体育课程中对学生进行专业化素养培育时,在遵循"德鲁克原则"进行"扬长"的同时,也绝不能忽视"避短",因为还有一个木桶理论告诉了我们另外一种道理。所谓木桶理论,就是指在长短不一的木板做成的木桶中,最短的那块木板决定了它实际容量的大小。

每个人都不可能是完美无缺的,北京体育大学的刘大庆教授认为每个运动员在竞技能力和素质上都存在着明显的非均衡性差异②,表现出非衡的结构特征。在这个结构体系当中,各项竞技能力有高有低,并不处于同一水平,但是从某种意义上来说,一些高水平的因素会对相对较弱的因素产生弥补和替代效果,导致运动员的整体竞技水平仍然可能表现得非常高超,就像邓亚萍以"怪"和"狠"的技术风格弥补了自身身高的不足,而朱建华则以加快节奏的弧线助跑和对身体重心的完美控制弥补了力量方面的不足。虽然短板现象普遍存在,但如果不加以重视,也会极大地制约运动员在赛场上的发挥,对冲击最好的成绩产生影响或者增加不稳定因素。比如技术能力不够,再强的体能也没有用武之地;心理素质不行,再好的技术也发挥不出来;团体比赛中缺乏协作

---

① 邓运龙.竞技能力发展的理论基础、指导思想与实施方法[J].体育科技文献通报,2009(6):31—36,58.
② 刘大庆.运动员竞技能力非衡结构补偿理论[J].体育科学,2000(1):43—46.

精神，个人能力再强也是匹夫之勇。所以，在对学生的专业化素养进行培育的时候，既要讲"扬长"，也要讲"避短"，在不断突出和强化优势的同时，注意改善和消除劣势。这就要求我们的教育者要因人而异，因材施教，根据学生不同的缺陷与弱点进行区别对待，以缺哪补哪的个性化培育思想，对学生进行一对一指导，合理安排教育活动。这就是木桶理论带给我们的启示——拾遗补阙，也就是对学生的不足、不佳、不强的竞技能力进行识别和分析，拿出相应的训练方案，消除其中短板，促进学生的总体竞技水平不受制约地提高。

四、超越自我需要：体育课程培育人文素养

（一）马斯洛需要层次论与体育课程人文素养培育

马斯洛需要层次理论的第六、七个层次的需要为求知与理解的需要和美的需要，我们统称为超越自我需要。包括人对自己、对他人、对事物有所理解的需要和对于美好事物欣赏并希望周遭事物有秩序、有结构、顺自然、循真理等心理需要。这体现了人们在自我价值的追求实现以后，对于自己和世界的和谐、自由以及真善美的向往，从道家的观点来看，可以认为是回归本真、回归天性、追求自由与天人合一、无为而无所不为的境界。

因此，体育课程素养培育的第四个层次，就是要在以上三个层次素养培育的基础上，把健壮人、社会人以及竞技人培育成品位高尚、行为理智，具有高尚体育道德情操、审美意趣和人文品格，自然率真、身心自由和谐发展的"自由人"。此为人的最高需要，也是体育课程的最高目标和素养培育的最高层次。而这就需要我们注重学生"人文素养"的培育。

这里需要强调的是，第一，"人文素养"培育并非是在"体质素养""社会化素养""专业化素养"培育之后才加以重视，在以上三个层次人才培育的每一个阶段，都必须贯穿"人文素养"的培育。为方便阐述，我们将其作为第四个层次即最高层次进行集中论述。第二，所谓"自由人"，狭义的理解就是身心无所拘束的人，在这个意义上，每个自然人从出生的那一时刻开始可能都是一个自由人，比如一个婴儿想哭、想笑、想闹、想睡、想吃都不会受到拘

束。但是我们理解为这是一种低级的、并无理性的、缺乏真正幸福感的自由人。而我们这里所认为的广义的"自由人"，是在遵从某些准则和规范以及自我道德约束下精神和行为自由，不断将自己融于天地之间，追逐纯粹的、永恒的、高尚的幸福之人。

体育课程人文素养培育主要包含人文精神培育以及审美教育。

（二）体育课程培育人文精神

1. 体育本身蕴含着深厚的人文精神

人文是什么？在中国古代很多文学典籍里都可以找到这个词。比如《后汉书·公孙瓒传论》中的"舍诸天运，征乎人文。"还有《周易·贲卦·彖辞》中的"刚柔交错，天文也；文明以止，人文也。观乎天文以察时变，观乎人文以化成天下。"古语中"人文"的"文"通"纹"，原指布帛或器物上的纹路或图纹。而人文，广义上指人类文化的一切精髓和本性特征，狭义上也可特指为人类对自我存在状态与价值的关怀和对美好事物的欣赏、向往与追求，即我们常说的人文精神和审美观念。

具体来说，人文精神就是对人的生命、尊严、本性、权利以及价值的关切、维护与珍视，重视人的主体地位，提倡超越自我的精神追求和对于人的幸福生活追求，表现为尊重人、关爱人、回归人、发展人。也就是说，人文精神崇尚人道和人本，无论是古典人文精神还是现代人文精神，都主张人是认识世界和改变世界，追逐全面自由和幸福的主体，和其他事物相比，人的地位是至高无上的。这种理念对立于"神本"和"物本"的思想。这里包含两层意思：一是肯定人性而否定神性，主张把人从神学的囚笼中解放出来，重塑人的高贵与尊荣。二是认为人类发源于自然界，虽为动物界的一个组成，但应该超越于天地万物，是独一无二的万物之灵，享受应该拥有的幸福和生命体验。正是受这样的理念影响，体育逐渐从社会顶层走向了普通公民，成为一项全人类所共享的文化。[1]

---

[1] 姜艺等.体育的人文精神[J].体育文史，2001（3），21—22.

中国与西方在人文精神的认识方面存在较大的差异，也突出地体现在了体育方面。中国的人文精神讲究群体性和共享性，更多地把人文精神置于群体、社会、国家的总体利益中进行考量，而西方的人文精神则更讲究个体性和独立性，把对个人的关怀置于更为重要的位置，强调个体的高贵与尊严，从自我关怀出发，推及家庭、组织、社会、国家乃至整个世界，最后又回归于个人，最终臻于完善幸福的境界。

在中国的传统文化中，由于神本精神并未成为历史的主流，人文精神较少地受到其影响，更多地提倡天人合一、和谐共存，其优越之处也发源于此。然而，我们也不能忘记，中国的近现代体育和马克思主义都发源于西方。中国的传统文化更多地讲究社会价值，人处于社会之下，与社会共同发展，于是人的个体性就经常失落于这样的理念当中。在悉尼奥运会上，和其他国家相比，中国团体操协调一致、井然有序，为人们所称道。然而，一些国内专家也指出，这样的整体一致性其实就是以牺牲所有成员的个性张扬为代价的，个人被团体统一的号令和步伐完全束缚而无法焕发出自己的闪光点，减弱了个体的自由与活力。

近现代体育发源于西方，当然也就蕴含了西方的人文精神特征。而我们中国的文化更有海纳百川、兼容并蓄的包容性，即使现在中国仍处于社会主义的初级阶段，很多方面的条件还不够完善，但是我们也要坚信我们在体制上的先进性决定了我们可以不断吸纳世界上各种杰出的文化因子，并融入我们自己的文化当中来，我们体育的人文精神更是如此。对于外国经验不能仅仅简单、机械地吸收，而需要找到合适的环境、土壤让它真正地落地生根，开花结果。否则这种舶来品就会水土不服，效果适得其反。在学校体育改革中我们理应提升对本民族体育文化的重视程度。因为中国传统文化是在特定的地理环境、经济类型、社会基础中产生、形成和发展的。它经过漫长的历史积淀和民族的多次选择，反映中华民族精神，这种文化特质渗透到中国体育发展历史中，形成中国传统体育。它主要表现为：在目标上，中国传统体育的目标是修身、养性，具有形式多样、丰富多彩等特点（如武术、气功等）。在活动方式上，中国传统体育多以个体的娱乐性、技艺性、表演性项目为主（如射御、投壶、戏毯等），追求练神与练形的统一，这些活动有的已成为现代竞技运动项目，有的至今仍是人们喜闻乐见的传统娱乐活动。在指导思想上，强调文武兼备，学以致用，把体育纳入礼乐教化的范畴，培养人的和谐意识，使之成为"礼"的一部分，成为德育的重要手段，注重培养守纪律的作风和进取精神等。中国传统体育文化的核心和精髓，一直影响着中国百年学校体育，表现出极强的生命力，至今仍值得学校体育工作者借鉴[①]。

随着中华民族不断崛起和强大于整个世界之林，我国的体育事业也取得了长足的发展并不断向前迈进，体育的终身化、大众化已经初具规模并迅速推进，在这样的背景下，体育的人文精神更加不可或缺。在未来的体育事业中，人的全面发展是最高的宗旨和目标，实现人的身心发展、凸显人的地位将成为我们的理想和信念，群体发展不应以牺牲个人发展为代价，相反应成为个人发展的自然结果。只有所有人的能力、信念、权利、追求以及个性化、自由化与幸福感都得以实现，整个社会才会变得完美无缺、和谐如一，我们不断追求的共产主义社会也才能顺利到来。

之前的很长一段时间，中国体育教育缺乏人文意识，忽视对学生的人文精神的培养，"人"的概念被消解和遗弃，教育者们不关怀人、不重视人、不尊重人，更加理解不了人的自然同一性，当人们看到运动员带着满身伤痛却仍然为了国家荣誉奋战于竞技场上而满口称颂，当看到奥运会上刘翔因为脚伤复发退出比赛而大加指责的时候，我们应该发现体育课程中人文精神的培养已经迫在眉睫了。

2. 体育课程承担着培育人文精神的任务

由于习惯性思维和某些教育环境的影响，很多体育教师在体育课程中更多地倾向于基本知识与基本技能的传授，在教学效果上更加追求学生体质素养的提升而忽视人文精神培养。新课标当中也并没有明确地提出可操作性强的内

---

① 马卫平.我国学校体育舶来式课程引进的启示与思考[J]（手稿）.

容与方法，素质教育有名无实，学生没有产生这样的意识，也没有得到相应的指导。

不难发现，就人文精神的培养而言，体育课程有着不可替代的突出作用。事实证明，很多曾经活跃在体坛并取得瞩目成绩的优秀运动员退役后，在其他事业的发展中也仍然做得风生水起，如李宁、邓亚萍、田亮等，主要原因在于他们在长期的体育生涯中培养了珍贵的人文精神与品质，这些融入了灵魂深处的人文精神无论运用于哪一个行业，都会让他们迸发出耀眼的光芒。

体育课程的人文精神培育为提升人的心理素质提供了强大的支持和助力[1]。这是由体育本身的特质所决定的。总体来说，体育课程所培育的人文精神可以概括为：

（1）不惧困苦。学生在体育课程的运动训练中会面临各种来自先天或后天的困难。这些困难有的是身体上的，像身高、体型、体质等，还有的是环境上的，像天气、场地、器材、对手等，这些困难可能都会对其造成一定的阻碍。能否不惧险阻，排除万难，然后急流勇进，超越自我，这是决定最终成功与否的珍贵人文精神之一。

（2）不言放弃。在体育课程的运动及比赛中，有时候学生将会处于逆境之下，成功希望渺茫，如果仍然能够咬牙坚持、奋力一搏，甚至胜负已分却仍然坚持到最后，这种人文精神更为可贵。在实际中我们可以看到，很多时候就是因为坚持到最后不放弃，导致整个比赛结果逆转。当然并不是每一次都这样，我们说，体育课程中的训练和比赛，重要的不是结果，而是在比赛过程中逐渐树立的不轻言放弃的精神，拥有了这种精神，也许在将来人生的某一个时刻，学生就会感受到意想不到的成功喜悦。

（3）超越自我。在我们的日常生活中，有一句令人振聋发聩的名言警句，叫作：战胜自己。在人与人的竞争中，最难的不是超越竞争者，而是超越自我。而其前提就是正确地认识自我，这个正确地认识自我应该是对自己进行

---

[1] 杭生青.论体育课程改革中人文素质培养[J].浙江纺织服装职业技术学院学报，2012（1）：118-120.

全面客观地评价和判断，既不妄自菲薄，也不狂妄自大。体育课程就应该让学生树立这么一种精神，让学生时刻都正视自己的优势和不足，并客观看待自己所取得的成绩，不灰心丧气，也不骄傲自满，往自己内心不断注入新的动力，敦促自己不断树立更高、更快、更强的目标并为之持续奋斗，然后自我评估和重构目标，往复循环，逐步接近和超越极限。

（4）自由博爱。自由博爱是体育课程培育的另一种人文情怀。体育课程不仅是让学生追求竞技场上的成功，更重要的是让学生身心自由，幸福快乐，特别是需要树立关怀自我、关怀他人、关怀自然、关怀世界的博爱精神，并享受因此获得的愉悦感。让他们直面自我，回归天性，全面和谐稳定地发展。我们的体育课程再也不能将学生完全视为一个整齐划一的群体而统一对待，要让他们的个性自由释放，每个人都成为独一无二的天地钟灵，最终臻于至善至谐至泰的境界。

（5）天人合一。人的精神世界远比物质世界丰富精彩得多，体育课程培育人文精神的最高境界，就是让学生超越自己身体，超越自己的物质需求和一般精神需求，充分放飞自我，将自己融入天地之间，追逐自己的精神信仰和寄托，达到天人永泰、万物为我、我为万物的无为而无所不为的境界。如此一来，功名利禄已经不能成为自身的羁绊，任凭风云变幻，我自岿然屹立于天地之间，不断地探寻着天地万物永恒的奥秘。这才是真正的、纯粹的、永恒的幸福。

我们看到，假如某个人拥有了所有的这些人文精神，这个人将会何等高贵、成功和幸福；即使单单拥有当中的一种，都会使其出类拔萃。所以，我们在体育课程中培育这些人文精神是非常有必要的，这就需要我们探索相应的途径来实现这些人文精神的培育。

3. 体育人文精神的培养途径多种多样

体育教学过程中可通过多种多样的途径加强学生人文精神的培养。

（1）建立多维的"生态"体育观。所谓多维的"生态"体育观，就是要把体育课程的培养重心从身体转移到人的多维生态因素，传统的体育观仅仅基于人的生物性本质，以增强体质为唯一目标，无视终身锻炼习惯的养成，在应试教育背景下完全成为教育的工具和考核的手段，同时无视学生的精神世界，学生的精神需求无法得到满足，进而对体育逐渐失去兴趣。而新的观念则要求使身体、知识、技能、思想、文化、情感、品行、意志等因素完美融合，并设计和实施各种有针对性和个性化的体育教学内容，使学生得到全面自由的发展，不仅增强学生的体质和健康，更重要的是精神和灵魂得到升华，其文化底蕴和对人生、生命和世界的认识在这个过程中也得到尽可能的深化和提升，大大改善当前学生"有知识、没文化，有能力、没信仰"的状况。

（2）转变传统的人才培养观念。体育课程的传统人才培养观念随着时代和教育的现代化发展迫切需要得到转变。当今世界文化的发展日新月异，这是一个开放型的世界，也是一个文化型、兼容型、交融型的世界，如果我们对此形势无动于衷，我们的教育水平将越来越落后，我们的人才培养将会越来越缺乏成效，而学生将会被教育者的落后观念所耽误。这个时代，是需要我们对学生进行人文素养培育的时代，我们必须要用全新的人才培养观念来指导我们对学生进行人文素养培育，才能够更好地把握时代的脉搏，使我们的体育教育时刻走在发展的前沿。新的人才培养观念能够有效地让体育教师确定正确教学目标，也能明确地知道自己的体育课应该上什么，怎么上，教师才会有主动性和积极性，才能够有效地掌控自己的课堂教学效果。同时，新的人才培养观念也将确立起全新的充满人文情怀和友好热情的师生关系，学生主体地位的确立，也会使他们更加愿意主动学习、参与甚至是寻求体育课程。于是在这种活跃、美好的课堂氛围下，教育者和被教育者开心愉悦地进行交流和互动，相互产生正面影响，如此良性循环，学生在不知不觉中人文精神得到树立和巩固。

（3）创建新的课程教育体系。过去的体育课程体系纯粹追求三基的掌握，轻视人文精神的培育，教学内容、教学方法、教学步骤、考评方式等都比较单一，缺乏人文特色。因此我们要更新体育课程体系，以高屋建瓴的视角规划整个体育课程，一改以往的弊病和缺陷。新的体育课程体系必须兼顾学生个体和社会发展的人文需求，学习国内外先进经验，大刀阔斧地进行全面性的改革，并逐步落实和推进，同时做好制度、师资、经费和其他资源上的保障措施。

（4）夯实学生体育人文基础。无论哪一门课程，知识都是所有教学内容的基础和前提条件，体育课程也不外如是。学生人文精神树立与其人文知识的掌握程度息息相关。体育教师应该加强自身的学习，拓宽自身的知识面，尤其是一些与人文精神培养直接相关的知识一定要熟练掌握。在教学过程中，根据学生的兴趣爱好和个性特征，有选择性地加以传授，同时注意这些知识对于学生的实用性。这些知识既要包括国内外体育新闻和大事件，又要有诸如运动处方、身心保健、日常锻炼方法、健康水平自测乃至生物、自然、文学中的相关人文知识。

在体育技能方面，也要结合人文的内容以及学生的发育阶段，引入一些新兴的、时髦的、娱乐性比较强的体育运动项目来充实体育课程教学，提升课程的人文品位和吸引力，使学生身体锻炼和人文培育齐头并进。比如时下比较流行的MV舞蹈、体感游戏等，能给学生在体育课程中带来更多的欢声笑语，也有着非常好的锻炼效果。我们的体育教师可以根据学校实际条件争取将类似这样的项目添加到自己的体育课程中来。

（5）优化体育课堂教学组织方式。体育课程属于文化的一个组成部分，这一点毋庸置疑，因此，体育课程更多要考虑的是对于文化的传承与创新，而这其中更为关键的是文化的创新。过去，我们过于程式化的教学组织方式，限制了学生的自由发展，也限制了教师的自由发挥。文化的传承机制变成了严格死板的教与学过程，而文化的创新完全被抹杀了。因此我们说，体育课程中人文精神的培育成功与否，除了受到体育课程教学内容的制约外，还受教学组织方式的影响。所以，优化体育课程教学组织方式也是培育人文精神的一个关键性的要求。

针对陈旧的体育课程教学组织方式在文化传承与创新上存在的严重问题，避免让学生在极度程式化的课堂里既产生不了对文化传承的兴趣，又得不到文化创新的机会，我们应该放开体育课程的教学组织方式，让教师根据学生的情况和该节课具体的教学内容设计弹性和灵活性强的教学模式，一切都以自由、快乐、发展为宗旨，创造友好、宽松、温馨的教学环境，解放学生束缚，放飞学生心灵，让学生在积极主动的心态下，获得体育课程带来的成长和乐趣，也让体育课程本身在不知不觉中传承和创新着文化。

（6）改革学生的课外体育活动。作为体育课程课内活动的补充和发展，课外活动有着非常重大的意义和价值。然而，当前很多学校组织的课外体育活动和体育课程是分离的，并没有体现出承继性。改革课外体育活动的一个关键要点，就是要在体育教师的主导下，将课内的学习内容和方法技巧，运用到课外活动中。同时很多课内无法进行的人文精神培育，也可以通过课外活动实现。体育课外活动要达到这样的效果，就要更多地考虑到多种因素的交互影响，如文化、美育、德育、心理等，另外课外活动的教育意义不需要像课内活动那么强，相反可以更多地考虑其趣味性，使学生在提升体质的同时，享受丰富的课外生活，提升体育品性，感受文化熏陶[①]。

同时，课外体育活动需要进一步考虑不同学生的个性化发展要求。可以建立一套"四固定，一自由"的课外体育项目体系，体系中包含多种适合于某类学生且对于学生人文精神培育有明显效果的体育项目。所谓"四固定"就是有固定的课外体育活动项目、固定的开设时间、固定的开设场所和固定的指导教师，而"一自由"就是学生可以按照自己的需要和爱好自由选择。这样的体系如果能够建立起来，不仅能使学生的个性需求得到很好的满足，增加生活的乐趣，还有助于学生终身体育习惯的养成，以及掌握一两种比较熟悉和擅长的体育技能。

（7）发挥学生体育竞赛的功能。体育竞赛对于学生人文精神培育有着非常直接的效果。学生参与体育竞赛不仅可以进一步提升对体育的积极性，还可以直观地感受到竞赛项目中的文化内涵。同时在参与过程中，所需的人文精神都会得到充分的培养。主要表现在以下三个方面：

---

① 刘洋，崔胜利. 试论大学生体育文化素养培养对策[J]. 体育研究，2011（10）：134—135.

第一方面，学生参与竞赛，实际上就得到了一次难得的实战机会，他们必须将自己在体育课程中所养成的人文精神进行有效发挥，为自己争取更好的成绩。对自己还未完全形成的某些人文精神，也可以在赛场上通过现场环境的文化氛围和比赛过程中的经历促进其发展，为自己的人生积累下宝贵的精神财富。

第二方面，很多团体性的竞赛对于人文精神的培育尤为有效。学生在一个团队中共同完成比赛，其间频繁地交流和讨论，相互鼓励和加油，都可以进一步提升他们的团队合作能力和集体荣誉感，使他们结下深厚的友情，同时还能够强化他们不惧困苦、勇往直前、坚强不屈、永不放弃的体育精神。这些都是人文精神的组成部分。

第三方面，学生在观看体育竞赛的过程中，不仅能够直观感受到体育带给自己的激情和冲动，还能够从选手身上发现和学习到人文精神，同时在和别的同学评论和喝彩的过程中，沟通能力也得到加强。另外值得一提的是，体育是一种体现美的文化活动，在竞赛过程中，肢体、运动的静态与动态美以及整体和谐美不断地体现出来，能够给人以美的熏陶和享受，提升学生的审美能力。

（8）推进校园体育文化传承与创新。学生人文精神的培育离不开校园文化的整体氛围。一个学校的校园文化往往是多元复合的，形成一个整体的校园文化体系，校园体育文化就是其中重要的一环。校园体育文化既要有文化传承的功能，也要有文化创新的功能，具体来说，不仅要体现本校的传统体育文化精神，还要在这个基础上不断推陈出新。在内容上而言，不仅要包含系统的体育科普知识，还要对学生在体育方面的个性发展有肯定性和方向性的意义。比如"体育与文化并举，体格与人格并重"、"弘扬体育精神，倡导人文关怀"等。在这个过程中，要全面把握素质教育、核心素养培育以及社会主义核心价值观的科学内涵，努力打造一个充分洋溢着人文情怀和人本关怀的整体情感与价值氛围，对学生进行长期的潜移默化，提升人文精神培育的整体效果。

(三) 体育课程的审美教育

审美教育是体育课程人文精神培育的主要内容与重要渠道。

1. 审美教育源远流长

审美教育有着源远流长的悠久历史。所谓"爱美之心，人皆有之"，我们甚至可以认为，人类的感性意识形成的时候，审美教育就随之出现了，中国从远古时期开始就传颂着"羊大为美"的审美佳话。随着人类社会的不断发展，物质与精神文化的迅速积累，人类的主体意识逐步增强，审美教育也就随之一步步走向完善和丰富。

我国的儒教始祖孔子早在2000多年前就将集诗歌文学艺术审美之大成的《诗经》与音律技艺和音乐审美的《乐经》列在儒家经典六经当中，成为儒学教育的入门典籍。又把"五礼""六乐"列于"礼、乐、射、御、书、数"六艺的前两个，成为当时贵族教育的六门基本功课。孔子曰："安上治民，莫善于礼。""移风易俗，莫善于乐。"礼、乐是治理一个国家的重要手段。它曾经称赞《韶》乐让他"三月不知肉味"，说《武》乐是"尽美矣，未尽善也"。由此看出，孔子把美育放在教育中并列于德育、智育、体育的位置。从此以后，审美教育逐渐发展起来。

20世纪初，中国和西方国家的文化交流日益频繁，王国维和蔡元培就曾经对西方的审美教育极为推崇。在《论教育之宗旨》一书中，王国维曾说："完全之人物不可不备真美善之三德，欲达此理想，于是教育之事起。教育之事亦分为三部：智育、德育（即意志）、美育（即情育）是也。"他提出教育就是为了让"人之能力无不发达且调和"，所以，就应该用体育来"发达其身体"，用德育、智育和美育来"发达其精神"，最后拥有"真美善之三德"。蔡元培也非常重视审美教育，他曾经系统、深入地研究了审美教育，并在担任教育总长的时候极力推行。他说："凡是学校所有的课程，都没有与美育无关的"，并认为在整个教育过程中，审美教育贯穿始终，存在于所有科目的教学当中。

2. 审美教育与体育课程辩证统一

2001年教育部印发的《基础教育课程改革纲要（试行）》中强调：新课程

的培养目标应体现时代要求，要使学生"养成健康的审美情趣和生活方式"。

体育课程和审美教育相互融合，密不可分。学生在进行体育锻炼的过程中，能够塑造健美的体魄，能够拥有和谐美感的肢体协调能力，能够让肌肤和骨骼发育完善，自然美观。而学生在审美教育中，可以提升对美的认知、识别和评价能力，能够充分感受到身体健美所带来的快乐和享受。从以上两个方面综合来看，体育和美育是相辅相成，辩证统一的。

（1）体育课程为审美教育提供了前提和条件。审美教育的部分组成就融合在体育课程的体格塑造之中。蔡元培认为，审美教育就像神经网络一样，全面贯穿在所有其他教育和非教育活动当中。他说过："体操者，一方以健康为目的，一方实以身体为美的形式之发展，希腊雕像所以空前绝美，即由于此。"所以他将体育课程当成审美教育的有效方式来极力推行，他主张学校进行体育课程教学时同步开展审美教育，批评很多学生的"弓腰驼背，囚首垢面，后目为是"的不良习惯，主张要"断发短装，倡练习之风"，以塑造"雄躯壮干"，让他们都有一副健美的身躯。另外，体育课程中的"经常"训练，不仅能够促进健美体魄的形成，还能够使大脑智力水平逐渐提升，同时其他感觉器官也将不断发育完善，在生理机能的促进作用下，为审美教育效果的逐步提升提供了生理前提和条件，从而身心合一，使健康人格最终形成并巩固。

（2）体育课程本身就蕴含着审美的内容。体育具有美学价值，所以衍生出体育课程的审美教育内容。它大致包括两个方面，即体态美和精神美，其中体态美又分为身体美和运动美，而精神美又分为人格美和品性美。在当今社会上，人们普遍认为所谓人体美，必须是"健、力、美"三方面同时具备。而这三个方面不像五官、容貌一般基本上由遗传决定，更多的还是人为塑造的效果。而要塑造这样的美，更多地就要依靠体育锻炼。在锻炼过程中，人的身体状态和行为气质逐渐发生改变，变得身体强壮、肌肉匀称、比例协调、线条自然、身姿挺拔、体态优雅、朝气蓬勃，这些都是体态美的典型表现。同时，体育不但能够让人形成体态美，还可以让人通过运动、锻炼和竞赛产生人格美和品性美。比如田径、游泳运动让人一往无前，永不言败；登山运动让人克服万难，勇攀高峰；体操让人性格沉稳，意志坚定；篮球、足球、橄榄球让人团结一致，分享成败；拳击、武术让人果断、勇猛、灵活、敏锐；跳伞、攀岩则能让人勇敢、无畏、乐于挑战自我。凡此种种都证明，人类自身的很多美都在体育活动过程中不断被开发和展示出来，这些美既有可以直接看到的身体、运动之美，也有我们通过别的方式间接感受到的人格和品性之美。体育，能给我们创造健美的身体形态，更能塑造我们美好健康向上的精神与灵魂。

（3）体育课程中的审美教育有着社会功利性。就体育课程本身性质而言，它属于教育学范畴；从内容而言，它属于体育学范畴；从运动机制而言，它属于生理学范畴；从行为效果而言，它又属于人类学范畴；而从实施过程而言，它还属于社会学范畴。如此一来，我们就能发现体育课程在多个学科都有其特殊的意义。

体育课程是一门基于身体锻炼的课程，最直观的效果就是能够促进人的健康。然而健康也并非单指身体强健无疾病且对疾病拥有较强的抵抗力。世界卫生组织就曾特别强调人的健康还应该包括心理健康以及对社会环境的适应能力强。我们体育课程以健康为目标，就应该包括生理和心理两个方面，以内外兼修、和谐共进为理想归宿，体育课程中的审美教育也以此为目标。而我们之前提到，人也有其社会性本质，人的自我发展与社会发展是辩证统一的关系，于是体育课程中审美教育也就具有了其社会意义，体现出社会功利性的特征。

因此，在体育课程中，挖掘其审美意蕴，培养学生的审美情趣，既有利于促进在体育课程中实现审美教育，也可以促使在整个教育活动中美育与体育走向统一，从而培养出一种自然率真、追求自由、满足人的崇尚自然、自由发展的"人文性"的人。

3. 体育课程审美教育多维化

审美教育是一个潜移默化且重视体验的过程。所以，对学生进行审美教育不能一味地灌输，更多的还要靠我们的体育老师努力寻求体育课程审美教育多维化，通过各种各样有效的方式，使学生自己去体验到体育所蕴含的美，要使学生能够认知美、追求美，进而实现美、创造美，形成具有一定品位的审美观。

（1）要结合教材内容进行审美教育。体育课程众多的训练项目中，所蕴含的美各有不同，这就要求体育教师恰当地结合教材内容对学生开展审美教育。比方说，投掷类项目中包含着肌肉美、协调美、技术美，体操类项目中包含着韵律美、姿势美、动作美、节奏美。所以，体育教师应该针对不同的项目，传授学生相应的运动知识、技术和技能，从生理学和人体构造学的角度进行深入讲解，再进一步解释运动的特点和比赛规则，在此基础上，引入审美教育的知识，从美学的角度带领学生重新认识该项目，将体育运动知识融入美学当中，让学生能够在掌握运动技能的同时，发现、感受和欣赏该项目当中的美。在让学生体会和领略美的同时，体育教师还要进一步促使学生能够亲自展示体育美，以及按照科学合理的方式创造出新的体育美。这个过程中，体育教师绝不能使用主观灌输的教学方法，强迫学生接受自己的思维，要更多地采取有限引导、自我思考的方式。可以根据具体的项目，让学生进行一定的实践，并合理利用问题进行引导，过程中穿插一些美学知识的介绍，让学生自己领悟到美的真谛。

（2）让学生在学习过程中接受审美教育。体育教师在进行审美教育时除了让学生在欣赏和体验中把对节奏、舒展、连贯、平衡、韵律等美的认知充分领会之外，更要通过鼓励和强化，逐步使审美的意识和审美的方法深入学生心灵深处，并激发他们的主动性，在今后其他类似的体育运动中，他们能够主动地去寻找、欣赏美，并且对其进行客观合理的评价，在此基础上主动学习和自我展示美。事实上，不仅仅是某一个整体项目，在体育课程中任何一个阶段和过程都可以向学生渗透和传递美的感受。这就要求体育教师自身要具备高度的审美素养和能力，还需要足够的细心和敬业精神，以多种形态和渠道向学生辐射美的体验。比如，在体育课堂上充分利用音乐的效果，通过与所传授项目有关的音乐来使学生产生共鸣，激发他们上课的激情，营造积极的氛围，让学生把体育与自己的情感融为一体。而且，体育教师还可以在课堂中适当引入一些生动有趣的小游戏，既能调动学生的积极性，还可以充分地拉近师生间的距离，也能够让他们在娱乐的心态下学习，不知不觉达成教学目标。这种教学方法容易受到学生的欢迎，在充满欢声笑语的课堂中，学生往往更为主动地接受和完成游戏中的任务。教师在教学时，也要充分发挥自己的艺术修养，上课过程进退有度，收放自如；组织学生列队时快速干练，整齐划一；讲解知识时语言标准，吐词清晰，抑扬顿挫，充满激情；示范动作时标准到位、自然优美，敏捷熟练。总而言之，要让学生无论是在听课还是在训练时，都能时时、处处体会到来自于教师的艺术感染力和个人魅力，让学生在课堂的每一个环节、每一个阶段都能领略到美，体验到美。学生在感受、欣赏、评价美的同时，还能够创造出美，能够沿着体验美—欣赏美—评价美—展示美—创造美的轨迹，不断提高自己的审美能力和审美情趣[①]。

（3）教师要在教学思想和教学实践中贯彻审美教育。体育教师在自己的体育课程中，要念念不忘审美教育。人的全面发展教育，主要是指使学生的身心共同成长。体育课程不能抛弃知识和技能的传授，但也不能仅限于此，非智力因素也是一个重要组成部分。因此，教师的审美教育要贯穿于自己的课堂当中，并且要进行专门的设计和规划，形成体系，形成层次，形成步骤。教师一旦抛弃了审美教育，学生就会对体育产生误解。只有将体育课程和审美教育充分融合，学生的智力、体质和情感才会齐头并进，学生的全面发展之路才会越走越宽。另外，教师不只要让学生能够领略美和展示美，还要让学生拥有创造美的意识和能力。教师如果能够有效地引导学生，学生就会逐渐地创造出美。在体操训练中，教师的悉心教导能让学生从一窍不通到初窥门径，再到熟练掌握，最后，如果教师进行开放式、自由发展式和鼓励式的教学，学生可能会某一刻灵光一闪自创出某些美妙的动作，美就被学生自然而然地创造出来了，而在这个过程中，学生的身心进一步受到陶冶，全面发展又更近了一步。

（4）教师应注意仪表、语言、示范美。所谓为人师表，体育课程中既然要实施审美教育，那么体育教师首先就是一个示范和榜样，他在学生心目中的

---

① 张龙. 论高校体育教学中的审美教育[J]. 福建论坛（社科教育版），2008（4）.

形象优劣直接影响到审美教育的效果。所以，在上课过程中，教师一定要注意维护好自身形象。体育课堂上，所有学生直观感受到的美感都来源于教师的形象、言语和行为，体育教师应该把自己的课程作为一项艺术事业，而自己则是这个艺术事业的直接代言人。体育教师在上课时，语言要简洁、精炼、平实易懂，在亲自示范时，要注意无声语言的运用，时刻要观察学生的表情和态度，判断其领会程度，也就是所谓的"形神合一"。教师的服饰要干净、整洁、无异味、教态自然、神情专注。示范时动作要干净利落，优美连贯。总之，让自己在学生心目中产生一个美的形象，唤起学生的共鸣，起到榜样作用。一切美好的事物，都会让人不经意间产生愉悦的体验和一定程度上的向往，也都会激发人们的审美意识。教师美好的自身形象，同样会让学生产生期待、向往的效果，学生激发出审美意识后，就会以同样的眼光看待自己的学习过程，从而不自觉地引导自己进入美好的世界中去。

（5）学校和教师要重视体育教学环境的美化。审美教育离不开优美的环境，我们可以想象，如果体育课程教学环境破败不堪、肮脏污秽、阴暗潮湿，即使是再高明的教师，审美教育的效果也会大打折扣。我们要让学生在干净、整洁、美好、舒适、充满人文气息的环境下进行学习，接受教育。场地干净平整，美好舒适，粉线清晰，器材摆放整齐，设施齐全，一尘不染等等，美好的环境使学生感觉心旷神怡、心情舒畅，教师也能够保持良好的心情，这是属于场地设施环境的问题。另外，当学生表现良好的时候，不失时机地对学生进行表扬和夸奖，当学生表现失误的时候，及时耐心地给予肯定和鼓励，如此创造一个良好的人文环境，使所有学生都保持着足够的自信心，积极踊跃地继续进行学习和锻炼。

第五节 五大标准：体育课程的育人效果

检验"12345范式"下体育课程的育人效果，实现"健壮人——社会人——竞技人——自由人"的人才培养，就是要造就一批符合五大标准即"知、情、意、行、健"的优秀体育人才，适应社会需要，推动社会的健康发展。作为学校教育的一个重要组成，体育课程在学校履行人才培养的重要职责时扮演着不可或缺的角色，特别是体育人才的培养方面，体育课程教学更是起到了关键性的作用。在培养人才时，体育课程必须要明确到底要培养什么样的人才即育人效果的问题。他们应该都拥有正确的"三观"，有比较全面的知识和技能，具备较高的身体和心理素质，有较高的社会适应能力和优秀的道德品行，只有把这些弄清楚，我们才能有针对性地设计和实施教学工作。我们的体育教育在确定人才培养方案时，既要考虑个人的全面发展，也要直面社会对于人才的需求，使我们培育出来的人既有社会价值，也有自我价值，既对社会有贡献，也让自己更加完善和幸福，既切合社会需求，也实现个性发展。当然，体育课程首先可以培育出专门体育人才，其次可以配合其他专业学科培养出各行业高素质人才，所以我们在确定人才培养规格之前，必须首先确定好人才培养的方向，培养方向不一样，规格肯定有所不同，尽管其基本共性是存在的。所以我们可以从体育人才的社会需求来着手进行分析。

一、我国体育人才培养的趋势

（一）社会对体育人才的需求不断增加

随着我国现代化建设步伐的逐渐加快，经济、政治、文化、科技水平也在日新月异的发展，社会对于人才的需求呈现出越来越明显的多样化特征，而我国体育事业的发展也导致未来社会对于体育人才的需求也将不断增加，尤其以体育教育人才为甚。

在我国所有体育人才的需求总量中，体育教育人才一直占据绝大部分的比重。在我国全面建成小康社会的背景下，国民收入和生活水平逐年提高，而基础教育的普及率也逐年稳步提升，青少年接受学校教育的平均年限也逐渐拉长，全国中等教育的全面普及指日可待。同时，由于全面放开两孩政策的颁布实施，未来适龄学生的数量也会不断增加。所以，社会对于小学、中学的需求必然越来越旺盛。而作为核心素养培育的主力军——体育教育事业就有了更为广阔的发展前景，这一切都会使未来社会对体育教育人才的需求不断上涨。有专家预测，2020年，我国中等学校的体育教师数量将比现在增加大约5.5万人。

（二）体育人才的素质与层次要求更高

不仅是中等教育，我国高等教育对于体育教育人才的需求量也将大规模增加，这是由于我国从政策上和国民意识上对于高等教育越来越重视，且高等教育也从原来的精英教育逐渐转变成大众教育。有资料显示，到2020年，高等院校体育教师数量将达到17万人以上。面向大学生的体育课程教学，对高素质、高能力、高水平的教师要求更为明显，因此，未来社会将需要培养一大批高质量的师资力量充实各高校的体育教育队伍。另外，在初、中等教育中，我国全面实施素质教育、加强核心素养培育的科学教育模式，也将需要更多博学多才、既懂体育、教育又懂人文、科学的高质量体育教育人才加入进来。

（三）复合型体育人才的需求趋于旺盛

随着我国经济的高速发展和人民生活水平的稳步提高，人民的生活越来越丰富多彩，其对幸福感的要求也越来越高，越来越多的人对参与休闲运动、娱乐型竞技运动、户内外健身活动等表现出浓厚的热情，我国体育事业的发展步入了黄金时期，体育的社会化、产业化、全民化成为大势所趋。在这种情况下，我国对于各类体育人才诸如体育运筹、体育管理、体育信息、体育科技、体育经济、社会体育等方面的人才都会产生极大的需求，这就对体育人才的培养有了更多的要求。

为了胜任这些工作，未来社会需要这些体育人才不仅在体育方面有非常扎实的知识底蕴和实践能力，还要求他们涉猎经济、管理、网络信息技术、社会文化、语言、哲学等一系列学科知识，还要拥有创新精神、创业能力、道德素质、语言沟通能力、社会交往能力、团队协作能力等多种品质，成为一专多能、博学多才的优质复合型体育人才，以适应社会发展要求。我们可以预见，未来社会的体育事业全面发展，将使复合型体育人才变得越来越炙手可热，相应的，我们的体育教育工作在人才培养过程中也应该充分重视这个趋势，不断调整我们的体育教育方向。

二、体育课程育人效果的"五大标准"

人本关怀的体育课程培养的是一个"全面发展"的人，一个具有良好核心素养的人，其育人效果要力求达到以下"五大标准"，如图六所示。

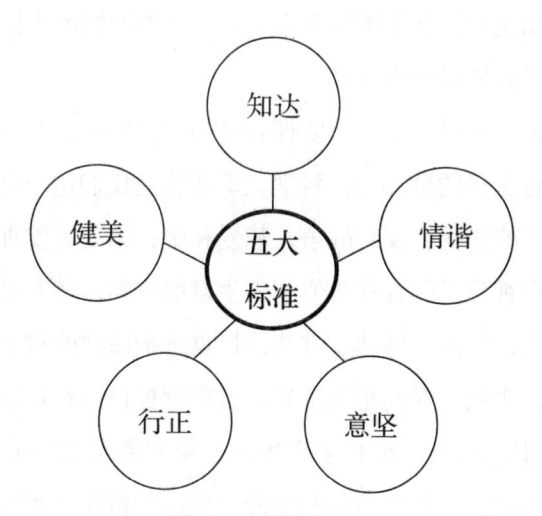

图六　体育课程育人效果的"五大标准"

知达，即心智通达，包括知识与能力俱备。这应该是体育课程的基础性育人效果，主要是体育知识原理掌握比较牢固，知识领域涉猎广博，知识体系构建相对完备，同时有强烈的求知欲，能够随着时代发展不断更新自己的知识，还要具备较强的理论联系实际的能力，能够运用自己所学，通过先进前沿的科技手段改善生活、贡献社会。要掌握一定的体育知识与技能，最好能有一两项熟练掌握、终身受用的运动与锻炼技术，比如散步、跑步、做操、打拳、舞剑、游泳、打球（乒乓球、羽毛球、篮球、排球等）等，常年坚持，康乐身心；此外，还要通过体育课学到一些保健、安全和救护的知识与技能，以备不时之需。另外，创新能力也是一个非常重要的方面。人类社会的发展历程就是一部不断开拓创新的历史，这是人类最为可贵的品质之一。各行各业发展都不能缺少创新人才，而我们的体育课程既然承担了促进人和社会协同发展的重任，就应该以培养创新型人才为己任，使人能不断完善自身，走向成功，而社会也会在其推动下更加繁荣昌盛。创新型人才应该是：勇于开拓，积极进取，绝不墨守成规，不落窠臼，有超脱性思维，让自己的思维永远保持活力，永远有新想法、新点子，对别人的意见不盲从不轻信，敢于提出质疑，拥有自己新颖、独特的想法和主见，甚至能够在众人一筹莫展的情况下提出有建设性的意见，推进问题的解决和现状的改善。

情谐，就是情感和谐。第一是要拥有爱国主义精神，对国家充满热爱和敬仰；第二是要拥有正确的世界观，科学认识和感受我们这个世界，有努力改善这个人类共同家园的热情，反对战争，挚爱和平；第三是要拥有正确的人生观和价值观，全面正视自己的存在价值和人生发展方向；第四是要拥有法制观，明白法律的严肃性，知法、懂法、守法，自觉维护法律的神圣庄严；第五是要有科学的生态观，明白环保的重大意义，自觉管控自己在环境中的行为，倡行低碳生活，减少生态污染，维护生态平衡；第六要敬畏生命，对于生命和生活常怀尊崇和敬畏之心，珍惜身体和生命，把这些看作上天赐给人类的最为珍贵的礼物；第七是要有团队精神，懂得团队的重要性，有集体荣誉感，善于与他人协作，与团队共同进步；第八是情趣高雅，有着高尚的生活品位和审美雅趣，追求和积极感受这个世界的真、善、美。

意坚，即意志坚定。意志力是一个人的人文素养的重要组成部分，也是人类的可贵品质之一，它为一个人走向成功提供了强大的动力源泉。不论对于个体发展还是促进社会发展而言，意志坚定都是非常关键的优势与保障。它的主要内容至少包括这样一些：不甘平庸、力争上游、敢打必胜的斗志，勇往直前、永不言弃、奋力拼搏的精神，坚忍顽强、耐受逆境、百折不回的毅力，不骄不躁、不慌不忙、平稳淡然的心境，随遇而安、自我调适、善于释压的心态，屡败屡战、重整旗鼓、东山再起的勇气。

行正，即品行端正。所谓品行，一是人品，二是言行，我国的古代教育家、哲学家、思想家都把品行作为一个人素质的主要体现进行要求和约束，他们很多关于为人处世、行事修德的名言警句至今为我们所传颂和遵行，如"知耻近乎勇""习以性成""其身正，不令而行""夫子温、良、恭、俭、让""以诚待人，以德服人""习勤忘劳，习逸成惰"等，无一不体现了先人们的人生智慧与美德懿行。我们的体育课程也应该以此作为座右铭，培育和践行社会主义核心价值观，凸显符合中国传统美德和社会主义道德观的育人效果，诸如诚信、立德、友善、勤俭、守礼、净口、律己、助人、尊师、敬老、爱幼等等。既要学会做事，更要学会做人；既有外在的正确行事作风，更有内在的高尚道德品性；既有成就事业的路径，更有为人处世的原则。

健美，即身健体美。包括：

体型美：反映人体形象的是体形于外的整体轮廓和身体结构美，如身体发育完善、比例协调、身高体重标准、各部分和谐美观。健美的体型应该是由健康体格、体能和美观共同构成。健康体格就是身体无疾病、无缺陷，各项体征及身体机能符合医学健康标准，内部各个器官正常、协调运作，有较强的身体免疫力；体能包括精力充沛，体力强劲，既有持久耐力又有瞬间爆发力，能够应付工作中各种体力和脑力劳动；美观就是身体所展现出的自然协调之美，这样的美是基于健康的美，而不是人工修饰之美。

肌肤美：因身体健康呈现出的皮肤平滑细腻有光泽，红润紧致，肤色健康，富有弹性，肌肉分布匀称，健壮丰满，线条自然，蕴藏力量。肌肤美是健美的静态直观反映，可以更加明确地显示出这个人的当前健康状况。

姿态美：在人的行为和活动中体现出的身姿挺拔，体态优雅，风度翩翩，气质不凡，身体各部分动作自然协调，充满和谐的美感。姿态美更多地体现出一个人的人格修养和内在涵养，很多时候还和这个人的受教育情况密切相关，它可以从内到外显示出这个人的个人魅力。

朝气美：人在工作、学习、生活和人际交往中体现出来的朝气蓬勃、精神饱满、生龙活虎、意气风发的风采。朝气美经常从教育者那里获得，比如教师可以通过个人的言传身教和及时指正，让学生在学习过程中调整自己的身体和精神状态，同时内外兼修，让他们的良好品德和丰富情感外发于身体和表情，形成一个属于年轻人的特有之美。

第六节 小结

在当前我国新的社会与教育形势下，以人本关怀的理念观照与改革体育课程势在必行，建设这样的理想课程，需要构建包括一个主旨、两个统一、三个维度、四个层次、五个标准在内的"12345范式"，即一个主旨：体育课程应以"人的全面发展"为终极价值目标。体育课程的教育教学过程就是促进学生身心健康和谐发展的过程，就是促进学生自我发展，成为完整的人的发展过程。两个统一：实现人的全面发展与满足社会发展需要、健壮体格与健美人格的辩证统一。在满足社会需要的基础上，力求自由的释放，个性的发展，最大限度地实现个人的价值，享受个人的快乐、成就与幸福。三个维度：指体育课程教学改革所依托的立体框架所包含的"长"（时间）、"厚"（内容）、"高"（品位）三者的有机结合。体育课程时间的长度——各个学段体育课程的有效衔接，体育课程内容的厚度——课程内容的选择性和丰富性，体育课程品位的高度——熏陶内化使学生形成健全人格。四个层次：体育课程核心素养的系统培育。以马斯洛需要层次理论为依据，体育课程应培育体质素养以满足青少年生理、安全需要，培育社会化素养以满足青少年归属与爱的需要和尊重需要，培育专业化素养以满足自我实现需要，培育人文素养以满足青少年求知与理解需要和美的需要，从而实现"健壮人——社会人——竞技人——自由人"的全面演化。五大标准：体育课程育人效果的"知、情、意、行、健"。即知达：指心智通达，包括知识与能力俱备；情谐：就是情感和谐；意坚：即意志坚定；行正：就是品行端正；健美：也就是身健体美。这就是人本关怀体育课程建设与改革的行动纲领或者叫作践行系统。

第四章　展望：人本关怀下体育课程改革的前景

"12345范式"下的体育课程改革，就是要建设一门既适应未来社会发展需要，培育社会所需要的高素质人才，又能够全面促进人的发展，实现"健壮人—社会人—竞技人—自由人"四个梯度成长的强大体育课程。

第一节　前景预期："12345范式"下的体育课程改革发展方向

随着中国经济社会的稳定发展以及教育教学改革的逐步深化，我国的基础教育越来越显示出欣欣向荣、蒸蒸日上的发展前景。叶澜教授认为，"不久的将来，我们的社会所需要的人才将会变得越来越多元化和复合化，不仅如此，人对自身全面发展的意识和态度也会越来越强烈和明确，总的来说会体现以下几个特征的要求：一是既有学习力又有创造力，二是既有科学能力又有人文素养，三是既有智商又有情商，四是既有强健的体魄也有健康的品格，五是既有普遍性发展又有个性化发展，六是既有超然的自我追求，也有现实的社会担当。"①

正因为如此，"12345范式"下的体育课程改革，应当朝着以下几个方向迈进：

一、体育课程的综合化

未来社会需要复合型的人才，这就要求我们的体育课程要走向综合化。当今的时代，随着社会各方面交流的日益频繁与深入以及各领域的逐步融合，人类的知识不断突破禁锢与壁垒，走向组合化和交融化，所以，密切学科间的关系与距离，加强学科间的互鉴与融合，吸收时代的新元素和新知识，扩大学生的学习成效，进一步提升人才培养的效果，这些是基础教育发展与改革的必然要求。

这个要求落实到体育课程上，就有了更为具体的含义。根据前面的研究我们已经明确，体育课程不能只局限于培育学生的体质素养了，社会化素养、专业化素养和人文素养的培育同等重要，这既是社会的需要，也是人自身发展的要求。为了实现这个目标，我们就必须致力于将体育课程与体育学、教育学、生理学、心理学、保健护理学、社会学、美学等多个学科进行深入融合，打造出一门集各层次身心教育培养为一体的综合化优质课程。尤其值得强调的是，随着时代的进步和社会的变革，体育课程在青少年心目中已经有了完全不同的形象，他们对体育课的认识、偏好与期望产生了颠覆性的转变，就像20世纪60后、70后的人喜欢邓丽君，80后、90后崇拜周杰伦，而本世纪00后的青少年偏爱TFBOYS一样。随着电子信息化时代的稳步来临，随着人类发展越来越呈现出多元化的趋势，也随着整个世界知识爆炸的愈演愈烈，体育课程全面走向综合化已迫在眉睫，否则，体育将满足不了学生兴趣和自我发展的要求，对不起社会所寄予的厚望，最终也将丧失自己和德、智、美并驾齐驱的身份与资格。需要承认，体育课程的综合化并不是一蹴而就的事情，需要多学科多层面的有

---

①叶澜.课程改革与课程评价[M].北京：教育科学出版社，2001：199.

机结合，也被教育者的学识面和水平所制约，是一个长期而艰巨的工程。但我们相信，大势所趋，潮流所向，体育课程的综合化必将不断突破，取得令人满意的成效。

二、体育课程的创新化

体育课程应当是开放的课程，应当致力于培养学生不断探索和创新的精神，因此，体育课程本身就应当不断地创新。通过创新，体育课程可以使学生的学习内容、学习方法、学习过程变得更加贴近他们的具体情况，更加切合他们的个性需求，更能提升他们学习的积极性和主动性。创新是发展的动力和源泉，体育课程只有在不断创新的过程中，调整自己的内涵与方向，才能使自己不断适应人类与社会的发展。例如创新体育课程的自主性，不直接教给学生知识与方法，而是通过启发式教学让学生自己领悟其中的道理。还有如创新体育课程的实践性，把课堂从学校体育馆、教室、操场搬到社会上去，指导他们广泛进行社会实践，以此掌握体育课程的精髓。再如创新体育课程的实用性，结合生活中实用的知识和技巧引导学生学以致用，使其直接感受到体育课程的魅力。

三、体育课程的人文化

体育课程更要突出其人文化的发展方向。当今社会越来越重视人的人文素养，很多用人单位甚至把人文素养看得比专业素养更重要；而对于个人自身的发展，包括提升自我修养、升华精神与人格、追求幸福和自由感等方面，人文素养也越来越关键。不可否认，在当今的基础教育中，学校都很重视德育工作，将其视为素质教育的核心内容不断进行强调，然而，实际教学过程中都是教师在泛泛而谈，学生没有亲自体验和直观感受，这显然是很不够的。而美育等人文素养培育就更加显得苍白无力了。所以，体育课程应该全方位融入人文的内容，承担起人文素养培育的任务，使其在整个基础教育改革中产生强大的助推力和影响力，为培育全面发展的人作出巨大的贡献。

第二节 创新思路：全方位改革体育课程

湖南师范大学马卫平教授在他《体育：在变与不变之间》的讲座中指出，好的体育需要好的体育观念、体育教师、体育教学、体育目标、体育理想、体育心态、体育氛围，在坚守体育精神、增进健康、教育性质、人本属性的同时，体育课程的技术可以变、方法可以变、环境可以变[①]。因此，以"12345范式"为体育课程改革的依据，建设强大体育课程是多角度、多层面、全方位的，需要多方面、全方位创新。具体创新思路如图七所示。

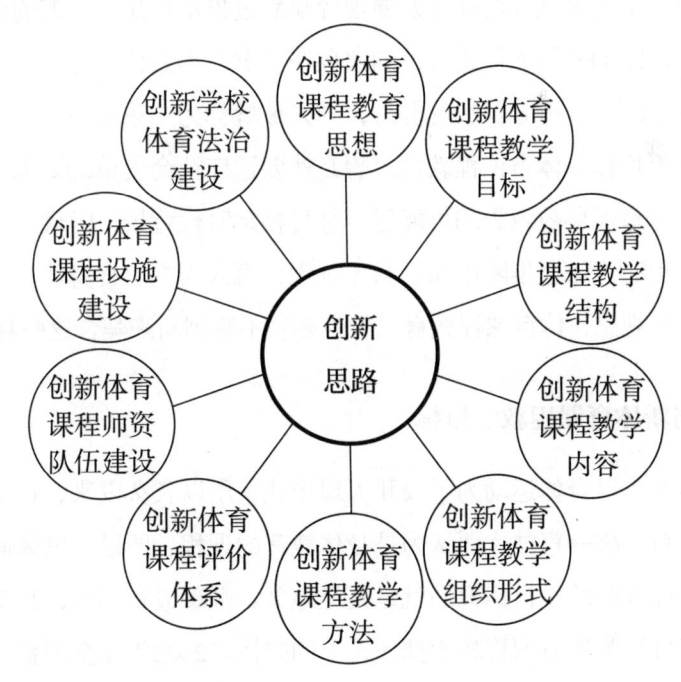

图七 体育课程改革的创新思路

①马卫平."体育：在变与不变之间"讲座PPT．

一、创新体育课程教育思想

所谓体育课程教育思想,也可以说是体育教育价值观,是指在体育课程研究与实践过程中,人们所产生的对于体育课程的理解和价值诉求,一般可在体育课程的课程性质、课程目标、课程结构和内容体系等方面表现出来。教育思想在体育课程中占有主导性的地位,它支配着体育课程实施的所有环节,也决定着体育课程的实践效果。

之前提到,我国从近代以来,出现过多种截然不同的体育教育价值观,如军国民体育价值观、国粹体育价值观、体质教育价值观、竞技体育价值观等,客观地说,这些价值观的出现和实践在一定程度上反映了当时社会的诉求,具有历史的必然性。虽然我们从当今时代背景的角度评价它们会感到它们的落后和片面,但是不可否认其对社会发展曾经起到过推动作用,它们的历史价值是不可抹杀的。比如列强入侵之时,国家危在旦夕,为救亡图存,就应以军事要求训练和武装国民;再如国贫民弱时,国人被辱称为"东亚病夫",就应以增强国民体质为目标。体育课程教育思想必然要适应社会变革的要求,也就是说某种特定的体育课程教育思想可能适合某种特定时代背景;时代一变,体育课程教育思想也必然随之推陈出新。当今时代,育人为本、终身体育、健康第一是社会的主流观念,体育课程教育思想也必须不断创新来契合这些观念。

二、创新体育课程教学目标

因为体育常以身体运动为手段和表现形式,所以长久以来,在惯性思维的引导下,体育课程一直被片面认为是身体教育的课程,所以,以体质与运动技能作为体育课程的教学目标似乎就是天经地义、顺理成章的事,甚至某些时期某些人将其推崇为体育课程教学独一无二的宗旨。2002年《全国普通高等学校体育课程教学指导纲要》的出台,使这种情况有所改善,它将体育课程教学目标细化为运动参与目标、运动技能目标、身体健康目标、心理健康目标、社会适应目标。然而,这些目标基本上都无法量化,很难进行具体判定,所以体育课程在实践当中仍固守着身体与运动的思维。当然，体育课程绝不能脱离和抛弃身体与运动。只是我们需要明确的是，人本关怀下的体育课程，不仅要包含身体与运动的目标，更要加入精神与人文的目标，而且这些目标还需要进一步深化和落实。这就需要我们对体育课程教学目标进行不断地创新，从一元到复合，从现象到本质，从量化到内化。总而言之，"人的全面发展"要求我们的体育课程要构建更新、更全、更具实施性的目标体系。

三、创新体育课程教学结构

体育课程教学要求我们在教育规律和人的成长规律指导下，以人和社会的需要为出发点，重视学生的个性与潜能，搭建多层次的教学平台，创建更为优越的课程教学结构。我们要形成体育课程教学的大局观和多维观。我们要充分认识到，体育教育不仅可以在教室、操场中开展，还可以在学校以外的场域如家庭、社区、户外、公园、公共体育场等地开展[①]。2014年出台的《全国普通高校体育教学指导纲要》就明确指出，体育课程应将课内教学和课外、校外教育进行有机的结合，综合运用学校和社会两个平台，将校外体育锻炼纳入体育课程，创建课内外有机联系的体育课程教学结构。青少年的全面发展，是一个长期而持续的过程，是不可能一蹴而就、立竿见影的，因此，当前如此不足的校内体育课时量是绝对不行的，它无法独立完成"人的全面发展"的重任。作为体育教育工作者要开展的一项重要工作，就是有效地将课内体育与课外体育进行融合，相互补充和促进，构建一个完整的、新型的课程教学结构，使学生通过课堂的学习与锻炼、课外的拓展训练，以及课余时间的自主性体育活动，真正实现个体的全面提升。还需要构建新的评价体系，对学生的总体发展成果进行有效评判。让我们的体育课程全面存在于阳光下，遍布到学生生活的每一个角落。我们要努力让学生将"育人为本"的体育教育理念和他们的学习收获带回家庭，带到社会，让所有人都能感受和领会"育人为本"的理念，促进整

[①]周宏.试析高校体育教学改革对社会发展需要的适应[J].郑州：河南工业大学学报（社会科学版），2006（3）：115—117.

个社会教育理念的革新。

四、创新体育课程教学内容

体育课程的教学内容，直接关系到学生在体育课程中能学到什么和获得什么。在"人的全面发展"主旨下，体育课程应该进一步创新教学内容，将知识与技能、育体与育心、科技与人文、传统与潮流、国内与国外进行多方面糅合。我们的体育课程内容，既要着眼于学生个体发展，也要面向未来社会对人才的要求；既要保证学生的现实需求（如知识、技能），又要重视学生的长远发展（如健康、终身体育和自我完善）；既要让学生感到愉悦和快乐，也要让他们掌握一两项切合社会需求的专长。所以，我们创新体育课程教学内容，就是要使原来的课程内容更加落地化、亲民化。一是要贴近生活，加入学生生活中实用的知识和技能，让他们能学以致用，随学随用。二是要化繁为简，将深奥的知识、技巧、竞赛规则乃至运动器材说明等以简明易懂的方式传授给学生。三是要关注兴趣，每个学生都有不同的兴趣所在，应适当选取他们感兴趣的内容，提高学习乐趣。四是要突出人文，把体育的人文内涵转化成教学内容，使学生感受文化熏陶，提升人文素养。五是弘扬传统，致力于发掘我国优秀传统文化中的体育项目和养生方法，传承民族文化和民族精神。另外，学校还应该根据本身的实际条件，有针对性地选择一些个性化的教学内容，最大限度地发挥自身优势，切合地域特色与各地民众发展的需要。

五、创新体育课程教学组织形式

传统的体育课程教学组织形式，是男女生合班上课，每节课45分钟，按照三段式或者四段式的形式逐一进行，这样的教学组织形式逐渐显示其弊端。所以，我们应该想方设法地创新与改革体育课程教学组织形式，如男女生分别上课，按照学习内容和进度分别上课，按照学生的兴趣和目的分别上课，按照体能与技术水平分别上课，课堂形式可以是多样的，如体验式、互动式、角色扮演式、任务驱动式、俱乐部式、情境模拟式，甚至是教学时间，也可以根据需要适时调整每节课时的长度，如微课程一般每节课不超过10分钟。

六、创新体育课程教学方法

信息技术的高速发展，要求体育课程在教学方法上推陈出新，传统的教学方法，有的可以坚持使用，有的就要逐步扬弃。现在的世界，是电子信息的时代，是互联网+的时代，是大数据的时代，落实到体育课程领域，互联网+体育课程、体育微课程、体育慕课等先进、高效的教学方式正在萌生，但还并未全面兴起和普及。所以，我们的体育教育工作者们更应该把握信息技术发展的先进成果，将其转变成成熟的教学方法并融入体育课程的教学实践当中，这是教育发展的整体趋势，也是未来教育的期盼，更是整个人类的期盼。这还需要我们教育者们以此为据更加深入地研究和开发体育课程，完成此项工作，我们每个体育教师都有义不容辞的责任。

七、创新体育课程评价体系

体育课程改革的"12345范式"，对学生核心素养的四层次有着全面的培育效果，而评价这些培育效果仅依靠传统的体育课程评价手段是无法实现的。因此，我们还要创新体育课程的评价体系，这个评价体系不仅要能客观公正地评价最终的结果也就是成绩，还要重视过程评价，既要能评价知识与技能，也要能评价综合素质。所以，我们在创新评价体系时，要全面考量学生在学习过程中的各方面表现情况，包括"五大标准"所提到的心智通达、情感和谐、意志坚定、品行端正、身健体美等等。评价过程可以在原来教师评价的基础上，加入家庭评价、自我评价、相互评价等环节。对于评价结果的效用而言，要弱化判定、排名和甄选作用，突出鼓励、促进和引导作用，使学生既能客观全面把握自己的学习效果，又能了解自身的薄弱之处，并明确以后继续努力的方向。现在看来，以达标为主体的评价模式冷漠地把学生分出三六九等，完全不考虑学生身体的天生优劣势与成长环境所形成的影响，毫无人性化可言，体现不出体育的人本关怀，也基本上没有促进持续发展的效果。所以，新的体育课程评价体系，一定要充分肯定和承认人与人之间的差别，突出育人为本的思想，从过程和结果两方面来综合衡量学生的发展状况，让学生在成长中获得进步，在进步中继续成长。

八、创新体育课程师资队伍建设

人本关怀下体育课程的改革与实施，最终还得依赖于体育教师。而体育教师作为一个完整的人，仍然具有人的本质特性，确切地说，他们也有基本生活需要和精神道德追求。因此，我们首先必须重视体育教师的基本生活需要，保证他们的经济福利，免去其后顾之忧，使他们在物质生活方面维持一个较为理想的水平，让他们能在安稳的收入条件下，有安全感地、心满意足地工作；其次，还要重视体育教师精神觉悟和道德水平的提升，通过政治、法律和道德的宣传与学习，使他们富有奉献精神、园丁精神、敬业精神以及高尚的师德师风，刻苦钻研，关爱学生，甘于平淡，不计得失，时刻以饱满的热情投入到体育教育事业中去。另外，要让教师经常参加各种培训和学习，提升自己的业务能力和科研教学水平，让他们经常了解本课程最新的动态，了解社会的新情况、新问题、新方向，使自己的体育课程教学时刻面向着社会前沿与人类发展进程。学校也要加强学科队伍建设，组建一支强大的师资队伍，并培养或引进高素质高水平的学科带头人，带领大家共同开展教研教改工作。

我们体育教师自身也要时刻保持进取心和工作热情，在把握一切外界给予的提升机会的同时，通过自我学习和终身学习提升自己的学识、眼界和文化素养，并不断总结自己教学过程中的经验和教训，创新教学内容和方法，为体育课程改革贡献心力。教学过程中要牢固把握青少年的身心发展规律，对学生言传身教，把握体育课程的本质，既育体，也育心，为学生的全面发展和社会发展贡献自己的全部力量。

九、创新体育课程设施建设

体育课程离不开各种设施的运用，而设施又包括体育教学场地和各种教学器材，这些设施是否齐全、完备、优越以及蕴含人文气息，在很大程度上体现了人本关怀是否到位，也是决定我们体育课程促进人的全面发展成功与否的关键要素。同时也关系到我们的体育课程教学过程顺利与否。所以，我们应该不断创新体育课程设施建设，根据教育教学和学生全面发展的需要，划拨相应的经费，不断加强教学场地与器材的建设与管理维护，为人本关怀下体育课程的建设与改革创造良好条件。

十、创新学校体育法制建设

要保障"12345范式"的体育课程改革顺利施行，就要有完备的体育法制保障。要修订完善《学校体育工作条例》和《学校体育场地器材配备目录》，出台加强体育教师队伍建设相关文件，明确学校体育经费投入比例，研制学校体育安全伤害保险等相关方面的细则[1]。

以上十点创新路径就是笔者基于体育课程改革的"12345范式"所提出的一些主张和建议。正如马卫平教授在他的讲座中所说，所谓改革，就是要把事物中旧的不合理的部分改成新的、能适应客观情况的。我们的改革无非是要去掉一些旧的东西，建立一些新的东西。[2]学校体育课程改革是渐进式推进，它是一个继承和革新并存的过程，体育课程发展不是通过一次性改革就能完成的，而是分步、连续完成的，不能企图通过一次性课程改革就建立一个完美无缺的课程体系。课程改革是一个艰难、曲折而又漫长的旅程。改革伊始，艰难还在后头。改革进入深水区。未来的改革是攻坚。有人说，当今世界正在进入"晕眩"时代。我们能否"走出晕眩"？！——能。这是我们的回答。对"学

---

[1] 李艳翎."转型期我国学校体育改革面临的问题"讲座PPT.
[2] 马卫平.新课改：学校体育丢失了什么？ http://blog.sina.com.cn/s/blog_4e6c28bb0100cdvm.html.

校体育丢失了什么"的反思是我们对学校体育课程改革的一种检验，它能为体育课程的理论工作者和实践工作者带来新的问题域，如果我们对丢失的东西思考得越多，就会对体育课程改革问题的考虑更深入、更全面，因而更加有利于推动学校体育的发展。

第三节　小结

"12345范式"下的体育课程改革应该要朝向综合化、创新化和人文化几个方向发展。对此，我们从体育课程教育思想、体育课程教学目标、体育课程教学结构、体育课程教学内容、体育课程教学组织形式、体育课程教学方法、体育课程评价体系、体育课程师资队伍建设、体育课程设施建设、体育法制建设等十个方面来创新体育课程，使其真正成为一门实现人的全面发展与满足社会发展需要辩证统一的强大体育课程。

第五章 结 论

一、结论一

我国历次体育课程改革的背后都有其根本动因和时代意义,和我国社会变革的发生、教育方针的更新、价值观念的变化是息息相关的。之所以改革是因为我国体育课程的教学普遍存在着教学观念漠视生命本体、教学过程抹杀学生个性、以知识为本位的教学内容枯燥乏味、师生关系异化、课堂管理压抑学生自由、教学要素脱离现实生活等多方面的问题。其根源在于,其一是教育理念的原因,即社本主义理念下对于人本主义理念的缺失;二是教育价值取向的原因,即价值取向中人文的迷失;三是教育目标的原因,即以人为主体的课程目标偏移;四是教育客体的原因,表现在人的整体性的消解。

二、结论二

在当前我国新的社会与教育形势下,以人本关怀的理念观照与改革体育课程势在必行,建设这样的理想课程,需要构建包括一个主旨、两个统一、三个维度、四个层次、五个标准在内的"12345范式",即一个主旨:体育课程应以"人的全面发展"为终极价值目标。体育课程的教育教学过程就是促进学生身心健康和谐发展的过程，就是促进学生自我发展，成为完整的人的发展过程。两个统一：实现人的全面发展与满足社会发展需要、健壮体格与健美人格的辩证统一。在满足社会需要的基础上，力求自由的释放，个性的发展，最大限度地实现个人的价值，享受个人的快乐、成就与幸福。三个维度：指体育课程教学改革所依托的立体框架所包含的"长"（时间）、"厚"（内容）、"高"（品位）三者的有机结合。体育课程时间的长度——各个学段体育课程的有效衔接，体育课程内容的厚度——课程内容的选择性和丰富性，体育课程品位的高度——熏陶内化使学生形成健全人格。四个层次：体育课程核心素养的系统培育。以马斯洛需要层次理论为依据，体育课程应培育体质素养以满足青少年生理、安全需要，培育社会化素养以满足青少年归属与爱的需要和尊重需要，培育专业化素养以满足自我实现需要，培育人文素养以满足青少年求知与理解需要和美的需要，从而实现"健壮人——社会人——竞技人——自由人"的全面演化。五大标准：体育课程育人效果的"知、情、意、行、健"。即知达：指心智通达，包括知识与能力俱备；情谐：就是情感和谐；意坚：即意志坚定；行正：就是品行端正；健美：也就是身健体美。这就是人本关怀体育课程建设与改革的行动纲领或者叫作践行系统。

三、结论三

"12345范式"下的体育课程改革应该要朝向综合化、创新化和人文化几个方向发展。对此，我们从体育课程教育思想、体育课程教学目标、体育课程教学结构、体育课程教学内容、体育课程教学组织形式、体育课程教学方法、体育课程评价体系、体育课程师资队伍建设、体育课程设施建设、体育法制建设等十个方面来创新体育课程，使其真正成为一门实现人的全面发展与满足社会发展需要辩证统一的强大体育课程。

参考文献

一、学术专著

马克思恩格斯全集（第42卷）[M]. 北京：人民出版社，1979.

恩格斯. 自然辩证法[M]. 北京：人民出版社，1971.

蔡欣延. 体育课程价值取向论[M]. 台北：师大书苑发行，2009.

仇军. 西方体育社会学：理论、视点、方法[M]. 北京：清华大学出版社，2010.

杜卫. 美育论[M]. 北京：教育科学出版社，2000.

方展画. 罗杰斯"学生为中心"教学理论述评[M]. 北京：教育科学出版社，1990.

冯增俊. 教育人类学[M]. 南京：江苏教育出版社，2001.

季浏. 体育课程标准解读[M]. 武汉：湖北教育出版社，2012.

教育部. 义务教育体育与健康课程标准[M]. 北京：北京师范大学出版社，2011.

金钦昌. 学校体育学[M]. 北京：高等教育出版社，2004.

靳玉乐. 现代课程论[M]. 重庆：西南师范大学出版社，1995.

李艳翎. 体育教育专业综合素质论[M]. 长沙：湖南师范大学出版社，2012.

李艳翎. 体育课程论[M]. 长沙：湖南师范大学出版社，2006.

刘济良. 生命教育论[M]. 北京：中国社会科学出版社，2004.

卢青. 站到学生的后面去：思考学生心目中的体育[M]. 北京：北京体育大学出版社，2003.

卢绍稷. 教育社会学[M]. 福州：福建教育出版社，2011.

毛振明. 体育教学论[M]. 北京：高等教育出版社，2005.

毛振明. 体育课程改革新论——兼论何为好的体育课[M]. 北京：教育科技出版社，2012.

潘绍伟，于可红. 学校体育学[M]. 北京：高等教育出版社，2005.

腾子敬. 学校体育研究与探索.[M]. 北京：北京体育大学出版社，2004.

田雨普，赵利. 体育课程与教学研究（1979-2009）[M]. 南京：南京师范大学出版社，2012.

王华倬. 中国近现代体育课程史论[M]. 北京：高等教育出版社，2004.

王坤庆. 精神与教育——一种教育哲学视角的当代教育的反思与建构[M]. 武汉：华中师范大学出版社，2009.

王为民. 生态 生活 生命——基础教育新课程人文价值的追求与建构[M]. 武汉：华中师范大学出版社，2011.

王啸. 教育人学——当代教育学的人学路向[M]. 南京：江苏教育出版社，2003.

谢华真. 健商HQ：健康高于财富[M]. 北京：中国社会出版社，2002.

徐瑞，刘慧珍. 教育社会学[M]. 北京：北京师范大学出版社，2010.

闫旭蕾. 教育中的"肉"与"灵"——身体社会学研究[M]. 南京：南京师范大学出版社，2007.

杨昌勇. 新教育社会学：连续与断裂的学术历程[M]. 北京：中国社会科学出版社，2004.

杨文轩，陈琦. 体育原理导论[M]. 北京：北京体育大学出版社，1996.

姚全兴. 生命美育[M]. 上海：上海教育出版社，2001.

陈玉琨等.课程改革和课程评价[M].北京：教育科学出版社，2001.

于忠海.教育目的的转型：从终极者到普通人——基于人性视角的研究[M].北京：中央编译出版社，2010.

张洪潭.技术健身教学论[M].上海：华东师范大学出版社，2000.

张武升.教育创新论[M].上海：上海教育出版社，2000.

赵卿敏.课程论基础[M].武汉：华中科技大学出版社，2004.

郑金洲.教育文化学[M].北京：人民教育出版社，2010.

钟启泉，张华.世界课程改革趋势研究（课程改革专题研究）[M].北京：北京师范大学出版社，2001.

钟启泉.课程论[M].北京：教育科学出版社，2007.

周登嵩.学校体育学[M].北京：人民体育出版社，2004.

邹玉玲，史曙生，顾渊彦.体育课程导论[M].北京：人民体育出版社，2005.

[德]雅斯贝尔斯（K. Jaspers）.邹进译.什么是教育[M].北京：生活·读书·新知三联书店出版，1991.

[法]卢梭，李平沤译.爱弥尔[M].北京：人民教育出版社，1985.

[法]皮埃尔·布迪厄，[美]华康德.李猛，李康译.实践与反思：反思社会学导论[M].北京：中央编译出版社，1998.

[古希腊]柏拉图.郭斌和，张竹明译.理想国[M].北京：商务印书馆，1986.

[古希腊]亚里士多德.秦典华译.政治学（第7卷）[M].北京：中国人民大学出版社，2003.

[捷克]夸美纽斯.傅任敢译.大教学论[M].北京：人民教育出版社，1984.

[美]John D. McNeil.谢登斌.陈振中等译.课程导论（第六版）[M].北京：中国轻工业出版社，2007.

[美]阿普尔（Michael W. Apple）.黄忠敬译.意识形态与课程[M].上海：华东师范大学出版社，2001.

[美]阿普尔.文化政治与教育[M].闫光才等译.北京：教育科学出版社，

2005.

[美]布鲁纳（Bruner.）.邵瑞珍等译.布鲁纳教育论著选[M].北京：人民教育出版社，1989.

[美]戴维·迈尔斯（David G. Myers）.侯玉波，乐国安，张智勇等译.社会心理学（第8版）[M].北京：人民邮电出版社，2006.

[美]弗雷斯特·W.帕克（Forrest W. Parkay），埃里克·J.安科蒂尔（Eric J. Anctil），戈兰·哈斯（Glen Hass）.孙德芳译.当代课程规划（第八版）[M].北京：中国人民大学出版社，2010.

[美]赫伯特·斯宾塞（Herbert Spencer）.胡毅，王承绪译.斯宾塞教育论著选[M].北京：人民教育出版社，2005.

[美]杰·科克利（Jay J. Coakley）.管兵，刘穗琴等译.体育社会学：议题与争议：issues and controversies[M].北京：清华大学出版社，2003.

[美]拉尔夫·W.泰勒.施良方译.课程与教学的基本原理[M].北京：人民教育出版社，1994.

[美]露丝·本尼迪克特（Ruth Benedict）.王炜等译.文化模式[M].北京：社会科学文献出版社，2009.

[美]罗伯特·梅逊.陆有铨译.西方当代教育理论[M].北京：文化教育出版社，1984.

[美]玛格丽特·波洛玛.孙立平译.当代社会学理论[M].北京：华夏出版社，1989.

[美]乔治·A.比特姆.黄明皖等译.课程理论[M].北京：人民教育出版社，1989.

[美]约翰·杜威.王承绪译.民主主义与教育[M].北京：人民教育出版社，2001.

[苏]莫伊谢耶夫.吴仕康，曾盛林，薛启亮译.人和控制论[M].北京：生活·读书·新知三联书店出版社，1987.

[英]A. V. Kelly.吕敏霞译.课程理论与实践（第五版））[M].北京：中国轻

工业出版社，2007.

[英]安东尼·吉登斯.赵旭东，齐心，王兵等译.社会学（第四版）[M].北京：北京大学出版社，2003.

[英]菲利浦·泰勒，科林·理查兹.王伟廉，高 佩译.课程研究导论[M].北京：春秋出版社，1989.

[英]洛克.傅任敢译.教育漫话[M].北京：人民教育出版社，1979.

[英]迈克F. D.扬.谢维和，朱旭东译.知识与控制：教育社会学新探区[M].上海：华东师范大学出版社，2002.

[英]麦克·扬.谢维和，王晓阳等译.未来的课程[M].上海：华东师范大学出版社，2003.

二、学术论文

但艳芳，李新科，陈晴.体育教育：生命教育的本源回归[J].武汉体育学院学报，2008（1）.

党玮玺，张学忠.新一轮体育课程改革：理想与现实的对立[J].体育学刊，2010，17（10）.

高强.场域论与体育社会学研究[J].体育学刊，2010（1）.

高强.西方体育社会学新马克思主义流派述评[J].体育学刊，2011（1）.

何劲鹏，姜立嘉.身心兼修，魂魄并铸：论体育课程的本质属性[J].体育学刊，2010（2）.

胡科，黄玉珍，虞重干.近代以来我国学校体育思想演变中的身体线索[J].体育学刊，2010（9）.

胡科，虞重干.论大体育的逻辑起点与演绎路径：从身体的角度[J].南京体育学院学报（社会科学版），2010（2）.

黄晓丽，金育强.论体育与人的素质[J].临沂大学学报，2012（6）.

季浏，汪晓赞，汤利军.我国新一轮基础教育体育课程改革10年回顾[J].上海体育学院学报，2011（2）.

姜艺.体育的人文精神[J].体育文史，2001（3）.

蒋国旻，王妍.近代体育课程改革及其反思[J].体育文化导刊，2006（10）.

解飞厚.体育课程的本来面目到底是什么——与贾齐、钟远金商榷[J].体育学刊，2007（2）.

金春光，车旭升，姜允哲.国际体育社会学研究进展与趋势：对〈体育社会学杂志〉（SSJ）的内容分析[J].体育科学，2012（3）.

李艳翎等.论教育场[J].湖南师范大学教育科学学报，2010（1）.

李忠堂，阎智力.我国基础教育体育课程改革60年回顾[J].体育学刊，2010（12）.

刘旻航，孙庆祝.学校体育课程改革与"主义"无关[J].上海体育学院学报，2007（1）.

刘炜.质疑、追问与反思：体育人本精神的现实失落[J].山东体育学院学报.2008（9）.

刘湘溶，李培超，李艳翎等.体育文化建设论纲[J].湖南师范大学社会科学学报，2013（5）.

龙安邦，范蔚.试论课程改革的理论基础——兼论我国十年新课改的理论基础及其论争[J].河北师范大学学报（教育科学版），2012（4）.

卢元镇.当今学校体育中的几个理论与实践问题[J].吉林体育学院学报，2009（5）.

鲁长芬，罗小兵，王健.西方体育课程社会学研究的启示[J].北京体育大学学报，2013（2）.

鲁建清，满维祥，汤长发."三生教育"：体育教育的本质回归[J].湖南人文科技学院学报，2010（4）.

马启伟.从哲学和社会科学视角认识体育运动[J].体育科学，2002（3）.

马卫平，李凌霞等.当前对学校体育认识的误区[J].体育学刊，2011（1）.

马卫平，谭广，刘云朝.从"科学主义"与"人文主义"思潮的融合看我国体育科学研究的未来走向[J]. 北京：北京体育大学学报，2006（7）.

任杰，刘卓. 体育的本质和功能[J]. 体育学刊，2012（9）.

石中英. 谈谈育人为本[J]. 教育科学论坛，2010（6）.

孙迎光. 马克思"完整的人"的思想对当代教育的启示[J]. 南京社会科学，2011（5）.

汤万松等. 叶圣陶体教修身思想浅析[J]. 湖南社会科学. 2015（2）.

陶克祥，杨国庆. 体育课程的文化使命透视[J]. 西安体育学院学报，2013（3）.

陶克祥，于广智，杨国庆等. 体育课程文化的逻辑起点问题思考[J]. 北京：北京体育大学学报，2012（7）.

田荣和. 体育的工具性异化与人性化复归[J]. 体育学刊，2005（4）.

王华倬. 论我国近现代中小学体育课程的发展演变及其历史经验[J]. 北京：北京体育大学学报，2005（7）.

王华倬. 我国近代学制建立前体育课程发展概况——兼论中国近代体育课程的渊源[J]. 西安体育学院学报，2004（4）.

王学锋. 教育学视域下对身体教育与竞技运动的思考[J]. 体育学刊，2007（9）.

肖川. 教育必须关注完整的人的发展[J]. 清华大学教育研究，2001（3）.

薛雨平，高凤华，张德福. 学校体育课程的社会化取向[J]. 体育与科学，2002（2）.

杨文轩，冯霞. 体育与人的现代化[J]. 体育学刊，2003（1）.

姚姿如，杨兆山. "以人为本"教育理念的意蕴[J]. 教育研究，2011（3）.

叶澜. 让课堂焕发出生命活力——论中小学教学改革的深化[J]. 教育研究，1997（9）.

岳伟. 促进人的自我实现：一种新的教育目的观[J]. 南京师范大学学报（社会科学版），2008（1）.

张建平. 体育教学的人文观[J]. 体育文化导刊，2012（4）.

赵岷，许国宝，李翠霞. 由教化身体走向解放身体——体育教育的21世纪猜想[J]. 武汉体育学院学报，2007（10）.

周平，李泽群，李骅. 高校体育人文精神构建的教育模式研究[J]. 武汉体育学院学报，2005（12）.

三、学位论文

陈家起. 体育教学的生命解读[D]. 南京：南京师范大学，2007.

陈晓云. 课程价值观与高校课程价值取向研究[D]. 西安：西安电子科技大学，2007.

杜伟. 体育课程制度的现代性审视[D]. 苏州：苏州大学，2009.

郭晓明. 课程知识与个体精神自由—对课程知识观一个侧面的哲学审思[D]. 南京：南京师范大学，2003.

何劲鹏. 学校体育课程体系生命化探究[D]. 长春：东北师范大学，2008.

姜志明. 中国体育教学的文化反思[D]. 北京：北京体育大学，2009.

刘斌. 从体操到体育——清末民国中小学体育教科书研究[D]. 长沙：湖南师范大学，2011.

刘旻航. 我国现代体育课程改革的文化审视[D]. 南京：南京师范大学，2008.

鲁红. 体育课程的人文精神研究[D]. 济南：山东师范大学，2007.

陆志远. 课程价值论—关于课程的价值及其评价的理论研究[D]. 重庆：西南师范大学，1990.

彭泽平. 改革开放以来我国基础教育课程改革评析[D]. 上海：华东师范大学，2004.

钱旭升. 体育课程实施的文化取向研究[D]. 重庆：西南大学，2008.

石龙. 论西方体育人文价值的演变—兼论我国的缺失与回归[D]. 广州：华南师范大学，2007.

王华倬. 论我国近现代中小学体育课程的发展演变及其历史经验[D]. 北

京：北京体育大学，2003.

吴亚林. 价值与教育——价值教育基础理论研究[D]. 武汉：华中师范大学，2006.

胥英明. 后现代体育课程研究[D]. 广州：华南师范大学，2006.

许春雷. 中美当代中小学体育课程比较研究[D]. 西安：西安体育学院，2012.

薛原. 生命化教育视野下中学体质健康教育研究[D]. 上海：华东师范大学，2011.

于晓东. 整体性体育课程研究——基于新中国体育课程的思考[D]. 南京：南京师范大学，2008.

张勤. 中国基础教育体育课程内容设计研究[D]. 福州：福建师范大学，2004.

张文静. 体育教学价值研究[D]. 南京：南京师范大学，2007.

张细谦. 体育课程实施研究[D]. 广州：华南师范大学，2007.

郑家福. 新中国基础教育课程改革的文化检讨[D]. 重庆：西南师范大学，2003.

四、外文著述

Azzarito, Laura, Solomon, Melinda A. A reconceptualization of physical education: The intersection of gender / race /social class[J]. Sport, Education and Society, 2005, 10.

Bechtel, P. A., O'Sullivan, M., &c Oliver, R. M. Implementing sport education: Staying sane when making change. Strategies, 2001.

Burrows, Lisette, Wright, Jan. Developing Children in New Zealand School Physical Education[J]. Sport, Edu-cation and Society, 2001, 6.

Cairns, J. Gardenr, R. Lawton, D. (ed.), Values and the Curriculum. London: Woburn Press, 2000.

Corbin, C. B. &Lindsey, R. Fitness for life（4th ed., updated）Champain, IL: Human Kinetics, 2002.

Corbin, C. B. Physical activity for everrone: What every educator should know about promoting lifelong physical activity. Journal of Teaching in Physical Education, 2002（21）.

Cosgriff, M. Walking our talk: Adventure based learning and physical education. Journal of Physical Education New Zealand, 2000（2）.

Cothran, Donetta J. Curricular Change in Physical Education: Success Stories from the Front Line[J]. Sport, Education and Society, 2001（6）.

David Lee Stevenson, David P. Baker. State Control of the Curriculum and Classroom Instruction. Sociology of Education, 1991.

Davis, Kathryn. Teaching for Gender Equity in Physical Education: A Review of the Literature[J]. Women in Sport and Physical Activity Journal, 2003（12）.

H. Halsey, H. Lauder, P. Brown and A. S. Wells. Education: Culture, Economy and Society [M]. London: OxfordUniversity Press, 1997.

Henry A Giroux. Toward a New Sociology of Curriculum. Educational Leadership, 1979.

J. A. Mangan, and R. B. Small（editor）. Sport, Culture, Society: International, Historical And Sociological Perspectives[M]. Spon Pr. 1986（10）.

J. Karabel and A. H. Halsey. Education Research（卡拉贝尔和哈尔西的分析）: A Review and an Interpretation in . J. Karabeland A. H. Halsey（eds.）Power and Ideology in Education, Ox-ford and New York: Oxford University Press, 1977.

J·M.海尔斯蒂德, M·J.泰勒. 教育中的价值与价值中的教育[M]. 伦敦与华盛顿: 法尔玛出版社1996（J. M. Halstead, and M. J. Taylor,（ed.）, （1996）Values in Education and Educution in Values. London&Washington D.

C.: The Falmer Press).

J.塞恩斯，R.加德纳，丹尼斯·劳顿.价值与课程[M].伦敦：乌伯恩出版社2000（J. Cairns, R. Gardenr, and D. Lawton, (ed.), (2000) Values and the Curriculum. London: Woburn Press).

Johns, David P. Ha, Amy S. C. Macfarlane, Duncan J. Raising Activity Levels: A Multidimensional Analysis of Curriculum Change[J]. Sport, Education and Society, 2001 (6).

Kinchin, G. D., Quill, M. and Clarke, G. Sport education in action. British Journal of Teaching Physical Education, 2002b (33).

L. E. 拉思斯，M.哈明，SB.西蒙.价值与教学——课堂内的价值活动（第二版）[M].哥伦比亚：梅利尔出版公司1978.（L. E. Raths, M, Harmin, and S. B. Simon (1978) Values and Teaching: Working with Values in the Classroom. Columbus and London: Charles E. Merrill Publishing Company).

Lund, J. L, &Kirk, M. F. Performance-based assessment for middle school and high school physical education. Champaign, IL: Human Kinetics, 2002.

M. F. Young. Bring Knowledge Back in [M]. Lon-don: Routledage Press, 2008.

MacPhail, Ann. The Social Construction of Higher Grade Physical Education: The Impact on Teacher Curriculum Decision-making[J]. Sport, Education and Society, 2004 (9).

Macphail. A. and Kinchin, G. D. The use of drewings as an evaluative tool: students' experiences of sport education. Physical Education and Sport Psdagogy, 2004 (1).

Michael F. D. Young. From Constructivism to Realism in the Sociology of the Curriculum. http://rre.sagepub.com/cgi/content/short/32/1/1. 2008.

Mitchell, S. A, Oslin, J. L, &Griffin, L. L. Sport foundations for elementary physical education: A tactical games approach. Champaign, IL: Human Kinetics,

2003.

National Association for Sport and Physical Education（NASPE）. Physical Education for lifelong：the Physical Best Teacher's Guide. 144-146. Champaign, IL：Human Kinetics, 2004.

P. 汤姆林森, M. 奎因顿. 渗透在课程中的价值[M]. 伦敦与费城：法尔玛出版社1986.（P. Tomlinson, and M. Quintvn,（ed.）,（1986）Values Across the Curriculum. London&Philadelphia：The Falmer Press）.

Penney, D. Sport education and situated learning：Problematizing the potential. European Physical Education Review, 2003（3）.

Peter Tomlinson and Margret Quinton. Value Across the Curriculum[M]. The Falmer Press. 1986.

Pinar W F, Curriculum Studies, The Reconceptualization. Troy New York；Educator''s International Press, LnC., 2000.

Siedentop, D., &Tannehill, D. Developing teaching skills in physical education.（4thed.）. Palo Alto, CA：Mayfield, 2000.

五、其他资料

http：//www. lunwentianxia. com/product. free. 10061084. 1/转载于论文天下：马克思的"每个人的自由而全面发展"理论.

邓小平在全国科学大会开幕式上的讲话[N]. 人民日报, 1978. 03. 18.

温乐群. 怎样才能促进人的全面发展[N]. 光明日报, 2012. 11. 14.

后　记

本书是我就读于湖南师范大学时所作的博士学位论文。此文在导师李艳翎教授的悉心指导下，由本人独立完成。李艳翎教授为论文的完成倾注了大量的心血，从选题到论证，再到开题和撰写，研究过程中的每一个环节他都严格把关，慎重推敲。我深深地钦佩他的品格和学识，深深地感激他的指导。导师的学术思想、求真务实的治学态度对我的影响是深刻的，也是终身的。

感谢在论文的选题、材料搜集、分析与撰写过程中给予我指导和支持的专家们。感谢我的硕士生导师马卫平教授，我的博士论文在很大程度上是硕士论文理念的延续和深化以及拓展，是他用别具一格的睿智指引我跨入了学术殿堂的大门；感谢博士导师组金育强教授、汤长发教授、罗湘林教授、周建社教授、张继生教授等一大批德高望重的教授，他们凭借深厚的学术功底，总是能一针见血地指出我论文的问题所在，并和蔼可亲地提出许多切实可行的指导意见和修改建议，他们的学识和人品令我深深地钦佩，他们彰显着湖南师大体育学院的大师风范。

感谢答辩委员会池建教授、刘湘溶教授、白晋湘教授等专家提出的宝贵指导意见。

感谢湖南师范大学的领导和老师们给予的帮助和支持，感谢湖南涉外经济学院的领导和同事们给我的支持和帮助。

感谢华中科技大学的李文杰教授，在大雪纷飞的假期，在度假的乡下，他冒着严寒步行去网吧回复我的邮件，总能在第一时间给我的论文提出宝贵的意见和建议。

感谢湖南省体育局的罗兴国先生和我的高中教练姜仁贵老师给我提供的锻炼机会与平台。

感谢同门师兄弟姐妹。大家在一起，讨论最多的是论文，在争论与探讨中，总能互相启迪。同时，也感谢他们对我生活上的关心与照顾。

感谢湖南师大体育学院的学长、学姐、学弟、学妹和同届同学们，以及湖南师大专家楼宿舍302以及309室的室友和楼栋老师、学友们，他们的陪伴以及与他们的学术探讨，给我这段学习时光增添了无穷的趣味和温暖！

感谢我的家人。首先要感谢我的公公，在我硕士论文完成后期一直到博士论文完成这个长期的过程里，给我提供生活、学习、经济等方面全方位的支持，让我有足够的时间和精力投入学术的海洋里安心探索；其次要感谢我的母亲，她一直帮我照顾年幼的孩子和全家人的生活起居，日夜操劳使她的满头青丝慢慢变成苍苍白发；还要感谢我的先生，他一直在背后默默地支持和温暖着我的一切，尤其在我因无法写出论文而极度焦虑、失眠和脾气暴躁时，能最大限度地包容我、陪伴我，给了我很大的精神支持和心灵慰藉；最后要感谢我可爱的孩子，是他的懂事和支持，让我有更多的时间和精力专注于学业。

感谢我论文引用其文章或观点的作者们。

最后，在本书出版之际，我还要深深地感谢湖南工商大学的各级领导和同仁给我出版本书提供的支持和帮助。

汤万松

2021年10月18日